《中华人民共和国环境保护法》四个配套办法典型案例解析

环境保护部环境监察局　编

中国环境出版社·北京

图书在版编目（CIP）数据

《中华人民共和国环境保护法》四个配套办法典型案例解析/环境保护部环境监察局编. —北京：中国环境出版社，2015.10

ISBN 978-7-5111-2464-7

Ⅰ. ①中…　Ⅱ. ①环…　Ⅲ. ①环境保护法—案例—中国　Ⅳ. ①D922.685

中国版本图书馆 CIP 数据核字（2015）第 229293 号

出 版 人　王新程
责任编辑　孙　莉
责任校对　尹　芳
封面设计　彭　杉

出版发行　中国环境出版社
（100062　北京市东城区广渠门内大街 16 号）
网　　址：http://www.cesp.com.cn
电子邮箱：bjgl@cesp.com.cn
联系电话：010-67112765（编辑管理部）
发行热线：010-67125803，010-67113405（传真）
印　　刷　北京中科印刷有限公司
经　　销　各地新华书店
版　　次　2015 年 10 月第 1 版
印　　次　2015 年 10 月第 1 次印刷
开　　本　787×960　1/16
印　　张　14.25
字　　数　240 千字
定　　价　45.00 元

主　　编　邹首民

副主编　曹立平

编　　委　姬　钢　李军刚　张阿虎　仲崇磊　杨家辰
贾春宁　赵　军　张国信　顾永瑞　赵恒心
顾恩大　赵振伟　黄　帅　张明华　李全胜
黄建树　秦　明　方红亚　齐鑫山　易旭升
李永福　王盛才　周　全　蒙美福　陈清波
张广莉　雷　毅　田　获　黄　杰　达　娃
马小现　张志弘　余全盛　孔令彬　朱建新
郭劲松　漆　林　张　诚　郑则文

编写人员　李　铮　王　涛　陈佩佩　竺　效　丁　霖
吴凯杰　郑小雨

前　言

2015 年 1 月 1 日起，《中华人民共和国环境保护法》和按日计罚、查封扣押、限产停产和移送行政拘留四个配套办法正式生效实施。环境保护部于 2015 年开展《中华人民共和国环境保护法》实施年活动，要求依法严惩偷排偷放等恶意环境违法行为，努力营造遵法、学法、守法、用法的良好氛围。

《中华人民共和国环境保护法》自实施以来，各级环境保护部门积极运用新法赋予的监管手段，同时加强与司法机关联动，积极推进两法衔接工作。经统计，2015 年 1—7 月，全国实施按日连续处罚案件共 348 件，罚款数额达 28 203.42 万元；实施查封、扣押案件共 2 065 件；实施限产、停产案件共 1 347 件；移送行政拘留共 927 起，移送涉嫌环境污染犯罪案件共 863 件。各级环境保护部门加大执法力度，对违法排污“零容忍”，严惩环境违法相关责任人。

环境保护部门在加大执法和处罚力度的同时，也加强了执法的规范化，更加注重程序的合法性和合理性。但由于按日计罚、查封扣押、限制生产、停产整治和移送行政拘留均是新规定、新手段和新权力，而且关系到当事人的重大权益，适用起来又较为复杂，基层执法人员普遍感到四个配套办法理解和适用存在难度。

为此，环境监察局组织各地将 2015 年 1—7 月已查处的、具有示范性和典型性的 44 个案例，按照按日连续处罚、查封扣押、限产停产、移送行政拘留、涉嫌环境污染犯罪和运用多种手段打“组合拳”6类进行汇总和点评，探索建立示范性环境案例制度。典型案例解析的主要目的：一是鼓励地方环境保护部门严格执法和敢于碰硬；二是以案说法，对《中华人民共和国环境保护法》及四个配套办法进行深层次宣传解读；三是对地方规范执法、提高办案水平起到示范和指导作用；四是以点带面，对违法排污形成震慑。为了便于各地学习掌握，本书统一了案例的格式，每个案例正文分为基本案情、案件涉及的法律问题和本案启示3部分；为便于执法人员和公众查询，在正文之前增设了案件的主要信息，如案例类型、主要违法行为、关键词、处罚及执行情况等。每个案例的解析侧重执法人员对四个配套办法理解和适用的重点、难点和关键环节，以及执法过程中积累的一些经验和做法供大家交流。本书收录了5个示范案例，适用法律准确、执法力度大，具有典型示范作用并附具相关执法文书，以起到更明显的指导和参考价值。

本书编写过程中，得到了环境保护部政策法规司的指导和各地环境保护部门的积极支持配合以及中国人民大学专家的帮助，在此谨表谢意。由于水平所限，疏漏之处难免，敬请广大读者批评指正。

编　者

2015年8月

目　录

第一部分　按日连续处罚

第二部分　查封、扣押

第三部分　限制生产、停产整治

第四部分　移送公安机关行政拘留

第五部分　涉嫌环境污染犯罪

第六部分 运用多种手段，打“组合拳”

第一部分

按日连续处罚

山东中玻蓝星（临沂）玻璃有限公司超标排放大气污染物拒不改正被按日连续处罚案

【案例提供单位】山东省临沂市环境保护局

【案例类型】按日连续处罚

【案例名称】山东中玻蓝星（临沂）玻璃有限公司超标排放大气污染物拒不改正被按日连续处罚案

【主要违法行为】超标排放大气污染物，被责令改正，拒不改正

【污染类型】大气污染

【违法企业所属行业】平板玻璃工业

【处罚及执行情况】2015 年 1 月 8 日，山东省临沂市环境监测站对中玻蓝星（临沂）玻璃有限公司外排废气进行现场监测，外排废气中氮氧化物浓度为 1 578 mg/m^3，超出《山东省建材工业大气污染物排放标准》（DB 37/2373—2013）。临沂市环境监测站出具正式监测报告后，1 月 15 日，临沂市环境保护局执法人员向中玻蓝星（临沂）玻璃有限公司现场送达了《责令改正违法行为决定书》，责令该公司立即停止大气污染物超标排放违法行为；1 月 26 日，临沂市环境保护局做出《行政处罚事先告知书》，拟对该公司罚款 10 万元；2 月 3 日，临沂市环境监察支队会同临沂市环境监测站对中玻蓝星（临沂）玻璃有限公司进行了复查，经监测，外排废气二氧化硫浓度为 4 632 mg/m^3，大气污染物仍然超标，执法人员当日送达《责令改正违法行为决定书》；2 月 6 日，临沂市环境保护局对超标排放大气污染物拒不改正的违法行为，启动按日计罚做出《行政处罚事先告知书》，按共计 19 日连续处罚，拟罚款 190 万元；2 月 16 日，临沂市环境保护局对初次检查发现的超标违法行为做出《行政处罚决定书》；3 月 6 日，临沂市环境保护局对超标排放大气污染物拒不改正的违法行为，做出《行政处罚决定书》；2 月 16 日，临沂市政府印发大气污染防治方案，对该公司实施停产整治。随即，罗庄区派驻工作人员，组织实施停产整治工作。3 月 10 日，该公司全面停产。该公司已将按日连续处罚罚款缴纳到位

【关键词】超标排放大气污染物、拒不改正、按日连续处罚、复查

一、基本案情与查处过程

（一）《中华人民共和国环境保护法》实施前，多次超标排放大气污染物，屡罚不改

中玻蓝星（临沂）玻璃有限公司（以下简称“中玻临沂蓝星”）位于山东省临沂市罗庄区傅庄街道，是威海蓝星玻璃股份有限公司控股子公司之一，是中国玻璃控股有限公司的成员企业。公司建有日产 500 t/d 和 650 t/d 浮法玻璃生产线各 1 条，产品为 LOW-E 镀膜玻璃。2014 年，因中玻临沂蓝星超标排放大气污染物，临沂市环境保护局先后 5 次对该公司立案处罚，每次罚款 10 万元。临沂市政府将该企业纳入限期治理企业名单，依法责令限期治理。企业在利润最大化目标的引导下，宁可选择违法，承担相对轻微的法律责任，也不愿履行防治污染的法定义务，导致屡罚不改、屡罚屡犯。

（二）《中华人民共和国环境保护法》实施后，及时组织监测检查

2015 年 1 月 1 日起，《中华人民共和国环境保护法》施行，《环境保护主管部门实施按日连续处罚办法》配套实施，有效解决“守法成本高，违法成本低”的问题。2015 年 1 月 8 日，临沂市环境监测站对中玻临沂蓝星外排废气进行现场监测，外排废气中氮氧化物浓度为 1 578 mg/m^3，超出《山东省建材工业大气污染物排放标准》（DB 37/2373—2013）浓度限值 2.16 倍（氮氧化物浓度限值 500 mg/m^3）。

（三）对超标排放大气污染物违法行为，责令改正，立案处罚

2015 年 1 月 15 日，临沂市环境保护局向中玻临沂蓝星现场送达了《责令改正违法行为决定书》，责令该公司立即停止大气污染物超标排放违法行为，确保达标排放，并告知将组织对该公司改正违法行为的情况实施复查，如果存在拒不改正并且仍然超标的情况，临沂市环境保护局将实施按日连续处罚；1 月 26 日，临沂市环境保护局做出《行政处罚事先告知书》，拟罚款 10 万元并于 1 月 27 日送达；2 月 16 日，临沂市环境保护局对 1 月 8 日超标排放大气污染物违法行为做出《行政处罚决定书》。

（四）对超标排放大气污染物违法行为的改正情况实施复查

2015 年 2 月 3 日，临沂市环境监察支队会同临沂市环境监测站对中玻蓝星（临

沂）玻璃有限公司进行了复查，经监测，外排废气二氧化硫浓度为 4 632 mg/m^3，超出《山东省建材工业大气污染物排放标准》（DB 37/2373—2013）浓度限值 14.4 倍（二氧化硫浓度限值 300 mg/m^3）。当日，执法人员送达《责令改正违法行为决定书》。

（五）对超标排放大气污染物拒不改正的违法行为，实施按日连续处罚

依据《中华人民共和国环境保护法》第五十九条和《环境保护主管部门实施按日连续处罚办法》（环境保护部令第 28 号）规定，临沂市环境保护局依法对该公司实施按日连续处罚，按日连续处罚的起止时间为送达《责令改正违法行为决定书》的次日起，至复查发现超标排污日止，即 1 月 16 日至 2 月 3 日共计 19 日，每日罚款数额为原处罚数额 10 万元，按日连续处罚计罚数额 190 万元。2 月 6 日，临沂市环境保护局对超标排放大气污染物拒不改正的违法行为，做出《行政处罚事先告知书》，拟罚款 190 万元；2 月 16 日，根据临沂市委办公室、市政府办公室《关于印发〈临沂市大气污染防治 2015 年攻坚行动方案〉和〈临沂市大气污染防治攻坚三年行动方案（2015—2017 年）〉的通知》，依法对该公司实施停产整治。同时，罗庄区派驻工作人员，组织实施停产整治工作；3 月 10 日，该公司全面停产。

二、案件涉及的法律问题

（一）按日连续处罚的适用

《中华人民共和国环境保护法》第五十九条规定："企业事业单位和其他生产经营者违法排放污染物，受到罚款处罚，被责令改正，拒不改正的，依法做出处罚决定的行政机关可以自责令改正之日的次日起，按照原处罚数额按日连续处罚。"在法律用语中，"可以"、"应当"、"必须"含义和效力是不同的，"可以"是授权性规定，行为主体"可为"，也可"不为"，"为"与"不为"是其权利，可以选择。"应当"、"必须"都是强制性规定，行为主体只能"为"，不可"不为"，"为"是其义务，不能选择，只能遵行。"必须"比"应当"的语气更重，要求更严。由于按日连续处罚是对环境违法行为的严惩重罚，环境保护主管部门可以根据企业违法行为的事实、性质、情节、后果等因素，考虑监管实际需要，确定是否实施按日连续处罚。本案中，复查时外排废气仍然超标严重，属于明显拒不改正违法行为，因此确定实施按日连续处罚，以达到督促违法行为及时改正的目的。

（二）“拒不改正”的认定问题

“违法排放污染物”即是违反法律法规规定向环境排放污染物，包含“违法”和“排放污染物”两层含义，强调排污行为的违法性。本案中，第一次检查发现外排废气氮氧化物浓度超标，复查发现外排废气二氧化硫浓度超标，虽然超标排放的污染物因子发生了变化，不能理解为违法行为得到了改正，外排废气污染物超标的违法性继续存在。因此，应当认定为企业“拒不改正”，仍然继续违法排放污染物。根据《中华人民共和国环境保护法》的规定，适用按日连续处罚的违法行为种类，并不仅限于“违法排放污染物”的情形，地方性法规可以根据当地环境污染状况的特点和环境保护管理的需要，规定其他环境违法行为适用按日连续处罚。

（三）对按日连续处罚决定做出时间的限制

环境保护主管部门检查发现排污者违法排放污染物，应当进行调查取证，就检查当日的违法行为，依法做出一个独立的行政处罚决定。排污者拒不改正违法排污行为、环境保护部门依法实施按日连续处罚的，按日连续处罚的处罚决定书应当在原处罚决定书之后发出，但按日连续处罚告知书不受原处罚决定做出时间的限制，即按日连续处罚告知书可以先于原处罚决定书发出。排污者提起复议或诉讼的，不影响环境保护部门对排污者违法行为的改正情况实施复查，但环境保护部门复查发现排污者未停止违法排污行为的，应当在复议、诉讼结束之后，再决定是否做出按日连续处罚决定。

三、本案启示

如何在执法工作中实施好按日连续处罚，以本案为例，有以下几点启示：

（一）正确领会立法原意

在《中华人民共和国环境保护法》修订之前，法律未赋予环境保护部门按日计罚的权限，导致对环境违法行为的罚款处罚额度严重低于企业的防治污染成本和违法生产收益，“守法成本高，违法成本低”的现象普遍存在。这成为环境违法案件频发、违法排污企业屡罚屡犯的一个重要原因。当环境保护部门的处罚不能对环境违法行为构成有效震慑时，企业对环境保护工作便不会高度重视，环境违法行为也不能得到及时纠正。通过实施按日连续处罚，实现过罚相当，有效解决“守法成本高，违法成本低”的问题，达到督促违法行为及时改正的目的。按日连续处罚主要适用于违法情节恶劣、屡教不改的企业，目的是督促企业改正违法行为。

（二）及时责令改正违法行为

实施按日连续处罚的目的是及时纠正环境违法行为，避免违法行为对环境造成更大影响。《环境保护主管部门实施按日连续处罚办法》规定，环境保护部门责令排污者改正违法行为的内容主要是立即停止违法排污行为，同时规定环境保护部门可以当场认定违法排放污染物的，应当在现场调查时即责令排污者立即停止违法排放污染物行为；对超标排污，需要通过环境监测来认定，环境保护部门应当在取得环境监测报告后 3 个工作日内向排污者送达责令改正违法行为决定书，责令立即停止违法排放污染物行为。

（三）做好复查工作

在规定复查期限时，综合考虑复查工作开展的及时性和执法实践的可行性，环境保护部门应当在送达《责令改正违法行为决定书》之日起 30 日内，以暗查方式组织对违法排放污染物行为的改正情况实施复查。企业在复查前期间有停产的，但复查时恢复生产又违法排放污染物，对于计罚日数的确定，仍按照《责令改正违法行为决定书》送达排污者之日的次日起，至环境保护部门复查发现违法排污行为之日止计算。环境保护部《关于按日连续处罚计罚日数问题的复函》（环函[2015]232 号）规定，计罚日数是一个连续的起止时间，排污者在计罚周期内存在停产停业或者达标排放的日数，均不能从计罚日数中扣除。

（四）综合运用各类行政手段

在符合按日连续处罚适用条件的环境违法行为中，根据《中华人民共和国环境保护法》的规定，有些违法行为可以同时适用责令排污者限制生产、停产整治或者采取查封扣押等措施，例如通过逃避监管的方式排放污染物的。如超标排放污染物的，《中华人民共和国环境保护法》第六十条规定，环境保护主管部门可以责令其采取限制生产、停产整治等措施；情节严重的，报经有批准权的人民政府批准，责令停业、关闭。虽然实施按日连续处罚不受次数限制，但多次被责令改正并仍拒不改正的，环境保护主管部门应根据实际情况，采取进一步措施予以制止，综合运用各类行政手段，善于打“组合拳”，以尽早实现违法排污行为终止为目的。由于有的违法行为需要同时采取多种措施，需要多次复查、核查，制作和送达多种文书，工作量大，因此有关配套办法实施一段时间后，应根据实际进行统筹简化，同时，环境保护部门应增强执法人员力量，适应执法需要。

临沂市环境保护局
责令改正违法行为决定书

临环责改字〔2015〕3号

×××　　玻璃有限公司：

营业执照注册号：×××

组织机构代码：×××

法定代表人：×××

详细地址：×××

调查情况：2015年1月8日，临沂市环境监测站对中玻蓝星（临沂）玻璃有限公司南侧烟囱外排废气进行监测，外排废气氮氧化物浓度1578mg/ m^3，超出污染物排放标准。以上事实，有1月9日市环境监测站监测报告（临环监字2015第007号）为证。

处罚依据：你公司上述行为违反了《中华人民共和国环境保护法》第四十二条和《中华人民共和国大气污染防治法》第十三条规定。依据《中华人民共和国环境保护法》第六十条和《中华人民共和国大气污染防治法》第四十八条规定，责令你公司立即改正大气污染物排放超标违法行为，确保达标排放。

我局将组织对你公司改正违法行为的情况实施复查，拒不改正的，将依据《中华人民共和国环境保护法》第五十九条和《环境保护主管部门实施按日连续处罚办法》（环境保护部令第28号）规定，对你公司实施按日连续处罚。

你公司如对本决定不服，可以在接到本决定书之日起六十日内向山东省环境保护厅或临沂市人民政府申请行政复议；也可以在接到本决定书之日起三个月内依法提起行政诉讼。

逾期不申请行政复议，也不向人民法院提起行政诉讼，又不履行本决定的，我局将依法申请人民法院强制执行。

我局地址：××× 邮政编码：×××

联 系 人：××× 电 话：×××

临沂市环境保护局

2015 年 1 月 15 日

临沂市环境保护局

行政处罚事先告知书

临环罚告字[2015] 11号

×××(临沂)玻璃有限公司:

我局依法查处的你单位建设项目超标排放大气污染物一案，已经调查终结。现将我局拟作出的行政处罚的事实、理由及依据告知如下:

你单位超标排放大气污染物，以上行为违反了《中华人民共和国大气污染防治法》第十三条的规定;

根据《中华人民共和国大气污染防治法》第四十八条之规定，

我局拟对你（单位）作出如下处罚决定:

1. 立即改正违法行为;

2. 罚款人民币壹拾万元整。

对此，你（单位）有进行陈述、申辩的权利，如要求陈述、申辩，请在收到本通知之日起七日内向我局提出，逾期视为放弃权利。

我局地址: ×××　　邮政编码: ×××

联 系 人: ×××　　电　　话: ×××

临沂市环境保护局（印章）

2015年1月26日

临沂市环境保护局

行 政 处 罚 决 定 书

临环罚字[2015] 11号

被处罚人（单位）名称：×××（临沂）玻璃有限公司

法定代表人(负责人)：××× 职务：×××电话：×××

通讯地址：×××

经查实，你单位超标排放大气污染物，以上行为违反了《中华人民共和国大气污染防治法》第十三条的规定；

根据《中华人民共和国大气污染防治法》第四十八条之规定，

我局对你（单位）作出如下处罚决定：

1. 立即改正违法行为；

2. 罚款人民币壹拾万元整。

上述罚款限于接到本决定书之日起十五日内，持我局出具的“山东省非税收入通用票据”将罚款缴至×××

×××，逾期不缴纳罚款的，每日按罚款数额的百分之三加处罚款。

如不服从本处罚决定，可在接到决定书之日起六十日内向山东省环境保护厅或临沂市人民政府申请行政复议，也可在三个月内直接向人民法院起诉。逾期不申请复议也不向人民法院起诉，又不履行本处罚决定的，我局将依法申请人民法院强制执行。

临沂市环境保护局（印章）

2015年2月16日

临环责改[2015] 9 号

临沂市环境保护局

责令改正违法行为决定书

×××玻璃有限公司

营业执照注册号（公民身份号码）：×××

组织机构代码：×××

地　　址：×××

法定代表人（负责人）：×××

因你（单位）实施了以下环境违法行为：

☑超过国家或者地方规定的污染物排放标准，2015年2月3日，临沂市环境监测站现场对该公司南侧烟囱外排废气进行监测，外排SO_2实测浓度

☐~~超过重点污染物排放总量控制指标排放污染物~~，3861mg/m³，超出污染物排放标准。

☐通过暗管、渗井、渗坑、灌注等逃避监管的方式排放污染物，________。

☐篡改、伪造监测数据等逃避监管的方式排放污染物，________。

☐不正常运行防治污染设施等逃避监管的方式排放污染物，________。

☐违法倾倒危险废物，________。

☐排放法律、法规规定禁止排放的污染物，________。

☐其他，________。

以上事实，有我局现场笔录和现场照片等证据为证。

你（单位）的上述行为违反了：《中华人民共和国环境保护法》第四十二条之规定。

依据《中华人民共和国行政处罚法》第二十三条，现责令你（单位）立即停止违法行为。同时，我局将对你（单位）改正违法行为的整改情况实施复查，拒不改正的，将依据《中华人民共和国环境保护法》第五十九条和《环境保护主管部门实施按日连续处罚办法》（环境保护部令第28号）规定，可以对你（单位）实施按日连续处罚。

你（单位）如对本决定不服，可以在接到本决定书之日起六十日内向山东省环境保护厅或临沂市人民政府申请行政复议；也可以在接到本决定书之日起三个月内依法提起行政诉讼。

逾期不申请行政复议，也不向人民法院提起行政诉讼，又不履行本决定的，我局将依法申请人民法院强制执行。

临沂市环境保护局

2015年2月3日

临沂市环境保护局

行政处罚事先告知书

临环罚告字[2015] 32号

×××(临沂)玻璃有限公司：

我局依法查处的你单位超标排放大气污染物拒不改正一案，已经调查终结。现将我局拟作出的行政处罚的事实、理由及依据告知如下：

你单位超标排放大气污染物拒不改正，以上行为违反了《中华人民共和国环境保护法》第四十二条和《中华人民共和国大气污染防治法》第十三条的规定；

根据《中华人民共和国环境保护法》第五十九条和《环境保护主管部门实施按日连续处罚办法》（环境保护部第 28 号）之规定，我局拟对你（单位）作出如下处罚决定：

1. 立即改正违法行为；

2. 罚款人民币壹佰玖拾万元整。

对此，你（单位）有进行陈述、申辩的权利，如要求陈述、申辩，请在收到本通知之日起七日内向我局提出，逾期视为放弃权利。

我局地址：×××　　　　邮政编码：×××

联 系 人：×××　　　　电　　话：×××

临沂市环境保护局（印章）

2015年2月6日

临沂市环境保护局

行政处罚决定书

临环罚字[2015] 32号

被处罚人（单位）名称：中玻蓝星（临沂）玻璃有限公司

法定代表人（负责人）：×××　职务 ×××　电话 ×××

通讯地址：×××

经查实，你单位超标排放大气污染物拒不改正，以上行为违反了《中华人民共和国环境保护法》第四十二条和《中华人民共和国大气污染防治法》第十三条的规定；

根据《中华人民共和国环境保护法》第五十九条和《环境保护主管部门实施按日连续处罚办法》（环境保护部第28号）之规定，我局对你（单位）作出如下处罚决定：

1、立即改正违法行为；

2、罚款人民币壹佰玖拾万元整。

上述罚款限于接到本决定书之日起十五日内，持我局出具的“山东省非税收入通用票据”将罚款缴至×××　×××，逾期不缴纳罚款的，每日按罚款数额的百分之三加处罚款。

如不服从本处罚决定，可在接到决定书之日起六十日内向山东省环境保护厅或临沂市人民政府申请行政复议，也可在三个月内直接向人民法院起诉。逾期不申请复议也不向人民法院起诉，又不履行本处罚决定的，我局将依法申请人民法院强制执行。

临沂市环境保护局（印章）

2015年3月6日

新疆煤化工（集团）有限公司热电分公司超标排污按日连续处罚案

【案例提供单位】新疆维吾尔自治区环境监察总队

【案例类型】按日连续处罚

【案例名称】新疆煤化工（集团）有限公司热电分公司超标排污按日连续处罚案

【主要违法行为】超标排放污染物

【污染类型】大气污染

【违法企业所属行业】火力发电

【处罚及执行情况】哈密地区环境监察执法人员对潞安新疆煤化工（集团）有限公司热电分公司开展了现场调查，经查该公司当天烟尘、氮氧化物两项污染物排放浓度小时均值处于持续超标状态。首次处罚 8 万元并责令其立即改正违法排污行为，但复查时仍然处于超标排放状态，故当地环境保护局启动了按日计罚程序，向其下发了《行政处罚告知书》，拟罚款 208 万元，并再次责令其立即改正违法排污行为

【关键词】大气、超标排污、按日连续处罚

一、基本案情与审理过程

2015 年 2 月 5 日，哈密地区环境监察执法人员对潞安新疆煤化工（集团）有限公司热电分公司开展了现场调查。该公司配套建设的自动在线监测设施在地区环境保护局于 2015 年 1 月 12 日开展的 2014 年第四季度有效性审核中通过了有效性审核，经查：1#发电锅炉自动在线监测数据显示 2015 年 1 月 1 日至 2015 年 2 月 5 日检查当天，烟尘、氮氧化物两项污染物排放浓度小时均值处于持续超标状态，检查当日，1#发电锅炉自动在线监测数据小时均值排放浓度折算最高值烟尘

为 164 mg/m^3（超标 4.5 倍）、氮氧化物 831 mg/m^3（超标 3.1 倍），最高超标倍数为烟尘超标 4.5 倍。

哈密地区环境监察执法人员于 2015 年 2 月 5 日检查当日向潞安新疆煤化工（集团）有限公司热电分公司下达《责令改正违法行为决定书》（哈地环改字[2015]01 号），责令其立即停止超标排放污染物的违法行为并告知其环境监察执法人员将在 30 日内对违法排污行为改正情况进行复查，如拒不改正将可能承担按日计罚的法律后果。

首次处罚：2015 年 2 月 12 日，哈密地区环境保护局组织召开了环境行政处罚案件审议会议，就潞安新疆煤化工（集团）有限公司热电分公司 2015 年 2 月 5 日超标排放污染物行为的处罚进行了审议，最后议定给予其 8 万元的行政处罚，并要求地区环境监察支队 30 日内对该公司整改违法排放污染物行为组织复查并向该公司下发了《行政处罚（听证）告知书》。

复查：2015 年 3 月 3 日，哈密地区环境监察执法人员对潞安新疆煤化工（集团）有限公司热电分公司超标排放污染物违法行为整改情况进行了复查，经查该公司仍然处于超标排放状态。环境监察执法人员于 2015 年 3 月 4 日再次向该公司下发了《责令改正违法行为决定书》，责令其立即停止超标排放污染物的违法行为。

按日计罚：针对潞安新疆煤化工（集团）有限公司热电分公司超标排放污染物违法行为在复查时仍未改正环境违法行为，哈密地区环境保护局决定启动按日计罚处罚程序，原处罚金额为 8 万元整，计罚日期为 2015 年 2 月 6 日至 2015 年 3 月 3 日共计 26 天，按日计罚罚款金额为 208 万元。2015 年 3 月 24 日，向该公司下发了《行政处罚（听证）告知书》，告知将给予其 208 万元的行政处罚。2015 年 3 月 24 日，地区环境保护局向潞安新疆煤化工（集团）有限公司热电分公司下发了《行政处罚事先（听证）告知书》（哈环罚告字[2015]6 号），4 月 2 日下发了《行政处罚决定书》（哈地环罚字[2015]10 号）给予了 208 万元的罚款。

二、案件涉及的法律问题

启动“按日连续处罚”的程序问题：

本案中，哈密地区环境保护局与哈密地区环境监察执法人员在对潞安新疆煤化工（集团）有限公司热电分公司进行按日连续处罚时，严格遵循按日连续处罚的程序，依法定程序对该公司进行按日连续处罚。结合本案情况并根据《环境保护主管部门实施按日连续处罚办法》（环境保护部令第 28 号）第七条至第十二条的规定，环境保护主管部门实施按日连续处罚的程序可简要表述为：

1．调查取证。

2．依法做出行政处罚决定：依据《环境行政处罚办法》（环境保护部令第 8 号）第四十八条、《环境行政处罚听证程序规定》（环办[2010]174 号）第五条规定，需要告知听证的应当在做出行政处罚决定前，制作并送达《行政处罚听证告知书》，告知当事人有要求听证的权利。

3．责令立即停止违法排放污染物行为，送达责令改正违法行为决定书：可以当场认定的，当场送达；需环境监测报告的，取得检测报告三日内送达。

4．送达责令改正违法行为决定书之日起三十日内以暗查方式进行复查。

5．复查时发现排污者拒不改正违法排放污染物行为的，启动按日连续处罚。计罚日数为《责令改正违法行为决定书》送达排污者之日的次日起至环境保护主管部门复查发现违法排污行为之日止；按日连续处罚每日罚款数额为原处罚决定书确定的罚款数额。复查后需要启动按日连续处罚的，依据《环境行政处罚办法》（环境保护部令第 8 号）第四十八条、《环境行政处罚听证程序规定》（环办[2010]174 号）第五条规定，需要告知听证的应当在做出行政处罚决定前，制作并送达《行政处罚听证告知书》，告知当事人有要求听证的权利。

复查时发现排污者已经改正违法排放污染物行为或者已经停产、停业、关闭的，不启动按日连续处罚。

三、本案启示

按日连续处罚因涉及相对人的重大利益，故有明确的程序性规定，环境保护主管部门执法时需启动按日连续处罚时，必须依据其严格的程序规定，不得侵犯相对人的合法权益。

上海森库木业有限公司违法排污按日连续处罚案

【案例提供单位】上海市环境监察总队

【案例类型】按日连续处罚

【案例名称】上海森库木业有限公司违法排污按日连续处罚案

【主要违法行为】违法排污、拒不缴纳罚款

【污染类型】大气污染

【处罚及执行情况】上海森库木业有限公司锅炉违法排放明显可见黑烟但拒不整改，故上海市环境监察总队对其启动按日连续处罚。该公司未按时缴纳罚款，被加处10万元罚款后仍不缴纳。上海市环境监察总队于2015年4月13日向黄浦区法院申请强制执行该公司应缴和加处罚款，黄浦法院在4月29日裁定准予环境保护部门对上海森库木业有限公司做出罚款和加处罚款共计20万元的决定

【关键词】大气、违法排污、拒不缴纳罚款、按日连续处罚

一、基本案情与审理过程

上海森库木业有限公司为一家私营企业，企业类型为有限责任公司，主营产品为各类地板木皮。公司注册时间为2008年。

首次处罚情况：2014年10月11日，环境监察总队执法人员现场检查时发现，上海森库木业有限公司一台5 t锅炉使用低成本的木皮边角料作为燃料，水幕除尘设施损坏超过两周仍未修复，锅炉燃烧时烟囱排放明显可见黑烟的违法行为。随即，环境监察总队于10月24日以该市环境保护局的名义做出罚款2.5万元的决定，同时要求该公司立即停止排放明显可见黑烟的违法行为。如拒不改正其违法行为，将自责令整改之日起，按照原处罚数额按日连续处罚。

按日计罚处理：2014年10月24日，环境监察总队执法人员对该公司进行后

督察，发现该公司水幕除尘设施仍未修复，锅炉仍在排放明显可见黑烟。企业负责人申辩称，计划安排2014年11月对损坏设施进行维修。执法人员依法对其10月25日至10月27日之间的违法行为实施按日连续处罚，罚款7.5万元。（备注：按日计罚和首次处罚共计罚款10万元整）。

后督察情况：2014年11月19日，环境监察总队执法人员再次对该公司进行后督察发现，该公司更换了已经损坏的水幕除尘设施，新增一套水幕除尘塔，但仍使用废木材作为燃料，未发现冒黑烟情况。但该公司未在法定期限内（2014年12月5日）缴纳罚款，环境监察总队依法加处罚款共计10万元，并于2015年1月12日送达处罚决定书，要求其收到决定书后立即缴纳罚款。（备注：处罚和加处共计罚款20万元整）。

后续执行情况：2015年4月13日，环境监察总队向黄浦区法院申请强制执行该公司应当缴纳的罚款和加处罚款。4月29日，黄浦区法院裁定准予执行市环境保护局对上海森库木业有限公司做出的罚款和加处罚款共计20万元的决定。

二、案件涉及的法律问题

（一）地方性环境法规与《中华人民共和国环境保护法》按日连续处罚规定的衔接

本案发生于2015年《中华人民共和国环境保护法》生效前，按日连续处罚制度尚未正式实施，但2014年7月25日通过的《上海市大气污染防治条例》已于2014年10月1日生效。该条例第一百零一条规定了按日连续处罚：“企事业单位和其他生产经营者违反本条例，除第二十八条、第三十二条、第六十一条规定的情形外，受到罚款处罚，被责令改正，拒不改正的，依法做出处罚决定的行政机关可以自责令改正之日的次日起，按照原处罚数额按日连续处罚。”

本案中上海森库木业有限公司的行为违反了该条例第三十六条第二款“禁止锅炉、窑炉、单位使用的或者经营性的炉灶等设施排放明显可见的黑烟”的规定。故上海市环境监察总队依法对该公司处以罚款并在其被责令改正仍未改正的情况下对其处以按日连续处罚。

由于《中华人民共和国环境保护法》第五十九条第三款规定“地方性法规可以根据环境保护的实际需要，增加第一款规定的按日连续处罚的违法行为的种类”，因此《上海市大气污染防治条例》对按日连续处罚的规定符合上位法的规定，仍然有效力。《中华人民共和国环境保护法》正式实施后，若对本案中该公司的行为进行按日连续处罚，是直接使用《中华人民共和国环境保护法》的规定还是仍使用《上海市大气污染防治条例》的规定，需要视排污者的具体违法行为而定。

若本案中该公司排放黑烟的行为是由于“水幕除尘设施损坏不维修”而导致的，则属于《环境保护主管部门实施按日连续处罚办法》第五条规定的“不正常运行防治污染设施”的情形。不正常运行防治污染设施包含多种情形，如污染物不经处理设施直接排放、将污染物从处理设施中间工序引出直接排放等（参考原国家环境保护总局环发[2003]177 号文件的规定）。但若该公司排放明显黑烟非“水幕除尘设施损坏不维修”导致，而是其本身“使用低成本的木皮边角料作为燃料”的原因。不属于《环境保护主管部门实施按日连续处罚办法》第五条规定的情形，则可依据《中华人民共和国环境保护法》第五十九条第三款规定适用《上海市大气污染防治条例》的规定对其进行按日连续处罚。

但在《中华人民共和国环境保护法》生效后，地方性法规关于按日连续处罚规定的程序、处罚数额、处罚日数均需与《中华人民共和国环境保护法》的规定相一致。

（二）排污者被处以按日连续处罚后拒不缴纳罚款的问题

对排污者处以按日连续处罚是对排污者拒不改正的处罚，目的是为督促其改正违法排污的行为。但责令改正与罚款是两种不同的行政行为，二者是并存的，并不能因其被处罚后改正了行为即可免去其缴纳罚款的义务。因此，本案中在环境执法人员再次对该公司进行后督察发现，该公司虽然更换了已经损坏的水幕除尘设施，但该公司未在法定期限内（2014 年 12 月 5 日）缴纳罚款，故上海市环境监察总队依据《行政处罚法》第五十一条规定加处罚款共计 10 万元，并于 2015 年 1 月 12 日送达处罚决定书，要求其收到决定书后立即缴纳罚款。由于该公司仍未缴纳罚款与加处罚款，故 2015 年 4 月 13 日，环境监察总队向黄浦区法院申请强制执行该公司应当缴纳的罚款和加处罚款。

因此，在按日连续处罚的案件中，即使排污者改正了其违法排污行为，也必须缴纳已经被处罚的罚款。排污者若在复查前改正违法排污行为，则不启动按日连续处罚，若在按日连续处罚启动后改正违法排污行为，则可避免进入下一个按日连续处罚周期。

三、本案启示

由于《中华人民共和国环境保护法》于 2015 年 1 月 1 日起生效实施，在其正式生效前有的地方性法规已将新《中华人民共和国环境保护法》的制度写入其中，尤其是按日连续处罚制度。因此环境执法部门及其工作人员在执法时，应正确使用法律法规，这就需要环境执法人员充分了解《中华人民共和国环境保护法》、行政法的相关规定，提高自身的法律素养，依法依规对环境违法行为进行严厉打击，做到有法必依、执法必严、违法必究，全力提升环境执法的严肃性和威慑力。

甘肃省白银市某公司超标排污按日连续处罚案

【案例提供单位】甘肃省环境监察局

【案例类型】按日连续处罚

【案例名称】甘肃省白银市某公司超标排污按日连续处罚案

【主要违法行为】超标排污

【污染类型】水污染

【处罚及执行情况】甘肃省白银市某公司超标排放污水，白银市环境保护局对其处以罚款并责令改正后进行复查，但仍然存在超标排污行为并且拒不改正超标排污的违法行为。该公司被责令改正并按日连续行政处罚 35.5 万元。被处罚后，该公司主动提交环保治理方面的说明，并先行缴纳罚款 20 万元，经环境保护局同意，剩余罚款尾款缓交

【关键词】水、超标排污、按日连续处罚

一、基本案情与审理过程

2014 年 12 月 26 日，甘肃省白银市环境保护局环境监察人员、监测人员到某公司现场检查，发现该企业排放口废水色泽发黄，有明显的异味，存在超标排污嫌疑。监察人员、监测人员立即对废水总排口取样监测，发现废水总排口悬浮物含量 136 mg/L、化学需氧量含量 358 mg/L、氨氮含量 265 mg/L，分别超过《污水综合排放标准》（GB 8978—1996）一级排放标准中规定限值的 1.94 倍、3.58 倍、17.67 倍，涉嫌超标排放污染物。

由于该企业对监测结果存在质疑，2015 年 1 月 13 日，白银市环境监察人员、监测人员再次到该公司检查并取样监测发现，企业排放的废水中化学需氧量和氨氮仍然超标。白银市环境监察执法人员将现场检查情况及监测结果上报该市环境

保护局案件审议委员会，对该公司资格组织机构代码、营业执照、排污许可证、法人身份证、现场检查笔录、监测报告、环境违法行为构成条件、适用法律等情况进行审查，经研究决定：① 对该公司超标排污违法行为依法进行行政处罚；② 依法要求该公司整改违法排污行为，依法下达《责令改正环境违法行为决定书》。

2015 年 2 月 6 日，白银市环境保护局送达《行政处罚事先告知书》及《责令改正环境违法行为决定书》，依据《自由裁量辅助决策系统》决定罚款 12 670.63 元。2 月 15 日送达行政处罚决定书，2 月 28 日该公司缴纳罚款。

2015 年 3 月 6 日，白银市环境监察执法人员对该公司废水超标整改情况进行复查时发现，该公司仍未改正违法排放污染物行为。经采样监测，该公司废水总排口污染因子悬浮物、化学需氧量、氨氮排放浓度分别为 224 mg/L、1 210 mg/L、187 mg/L，均超过《污水综合排放标准》（GB 8978—1996）一级排放标准规定限值，但企业拒不整改超标违法行为。

根据 2015 年 1 月 1 日正式实施的《中华人民共和国环境保护法》及《环境保护主管部门实施按日连续处罚办法》的规定，白银市环境保护局启动了按日连续处罚程序，决定对该公司从 2015 年 2 月 7 日至 3 月 6 日共 28 天连续超标排污的违法行为进行按日计罚，3 月 16 日送达《行政处罚听证告知书》与《按日连续行政处罚事先告知书》并且开出了 35.5 万元的罚单，并再次送达了《责令改正环境违法行为决定书》。4 月 8 日对该公司下达了《按日连续行政处罚决定书》。送达后，企业提交了环保治理方面的说明，与园区污水处理厂签订了工业污水处理协议，同时于 3 月 27 日全线停产，进行污水处理站改造升级。因资金困难，企业经报请白银市环境保护局同意后，4 月 30 日，先行缴纳罚款 20 万元，经环境保护局同意，剩余罚款尾款缓交。

二、案件涉及的法律问题

（一）本案中该公司排污行为违法认定

《中华人民共和国环境保护法》第五十九条第一款规定确定了按日计罚适用于企事业单位和其他生产经营者“违法排放污染物”的行为。本案中，该公司排放的废水总排口悬浮物含量 136 mg/L、化学需氧量含量 358 mg/L、氨氮含量 265 mg/L，分别超过《污水综合排放标准》（GB 8978—1996）一级排放标准中规定限值的 1.94 倍、3.58 倍、17.67 倍，涉嫌超标排放污染物。根据《中华人民共和国水污染防治法》第七十四条第 1 款的规定“违反本法规定，排放水污染物超过国家或者地方规定的水污染物排放标准，或者超过重点水污染物排放总量控制指标的，由县级以上人民政府环境保护主管部门按照权限责令限期治理，处应缴纳排污费数额二倍以上五倍以下的罚款。”白银市环境保护局有权根据白银市环境监察人员、监测人员的检查数据对该公司做出责令改正与罚款的决定。

而根据《中华人民共和国环境保护法》第五十九条的规定，实施按日连续处罚必须具备四个条件：企业事业单位和其他生产经营者违法排放污染物、受到罚款处罚、被责令改正、拒不改正。

本案中该公司超标排污这一行为是《环境保护主管部门实施按日连续处罚办法》第五条第一款明确规定“超过国家或者地方规定的污染物排放标准”的违法排污行为，且该公司因超标排污行为受到罚款处罚，并被责令改正，而在白银市环境监察执法人员对其整改情况进行复查时该公司拒不整改超标违法行为，符合处以按日连续处罚的实体要件，故白银市环境保护局启动了按日连续处罚的程序。

（二）排污者向环境保护主管部门报告整改情况

本案中，超标排污公司受到按日连续处罚并再次被责令改正环境违法行为后，主动提交环保治理方面的说明，与园区污水处理厂签订工业污水处理协议，并于 3 月 27 日全线停产，进行污水处理站改造升级。该公司主动向白银市环境保护局报告整改情况，符合《环境保护主管部门实施按日连续处罚办法》第十一条的规定：“排污者在环境保护主管部门实施复查前，可以向做出责令改正违法行为决定书的环境保护主管部门报告改正情况，并附具相关证明材料。”排污者主动报告改正违法行为的情况是在环境保护主管部门责令改正违法行为后、实施复查前做出，以便环境保护主管部门及时掌握有关情况，作为实施复查的参考。为提高报告情况的真实性，报告改正情况应当附具相关证明材料，如整改方案、现场照片或录像、监测报告等。排污者主动向环境保护部门报告违法排污改正情况，非必要步骤，也不影响环境保护部门复查的实施。

三、本案启示

《中华人民共和国环境保护法》第五十九条以及环境保护部发布的《环境保护

主管部门实施按日连续处罚办法》对适用按日连续处罚的实体要件与程序要件都进行了严格规定。按日连续处罚是对环境违法行为的严惩重罚，关乎排污者的切身利益，因而更应保证其实施的合法性和规范性，充分保证相对人的合法权益。在认定相对人排污行为是超标排污行为时，一定要对排放的污染及时出具合法有效的监测报告，一旦监测结果滞后，将影响按日连续处罚的时效性和操作性。另外，在环境执法中还应发挥相对人的主观能动性，实施按日连续处罚时应当坚持教育与处罚相结合的原则，引导和督促排污者主动及时改正环境违法行为，或引导其向做出责令改正违法行为决定书的环境保护主管部门报告改正情况，增强行政执法人与行政相对人之间的互动。

湖北武汉高新热电有限责任公司超标排污按日连续处罚案

【案例提供单位】武汉市环境保护局

【案例类型】按日连续处罚

【案例名称】湖北武汉高新热电有限责任公司超标排污按日连续处罚案

【主要违法行为】超标排污

【污染类型】大气污染

【违法企业所属行业】电力

【处罚及执行情况】武汉高新热电有限责任公司超标排放废气，2014 年被处以罚款并要求限期治理。2015 年后，该公司在被调查时仍被检测出废气超标排放，被处以罚款并责令改正，但在武汉市环境保护局东湖新技术开发区环境保护分局对其超标排放行为进行复查时，其仍未改正，故对该公司实施按日连续处罚，罚款 210 万元

【关键词】大气、超标、按日连续处罚

一、基本案情与审理过程

武汉高新热电有限责任公司是一家建于 1998 年的老厂，作为东湖开发区产业发展及招商引资的重点配套企业，承担着东湖开发区内工业园区、企业办公楼、居民小区的集中冷、暖联供任务。但该厂在为区域经济发展服务的同时，忽视了环境保护工作，在国家对环境保护要求日益提高的形势下，未及时对污染防治设施进行更新改造，导致废气排放无法达到最新的国家标准。

2014 年，武汉市环境保护局东湖新技术开发区环境保护分局对该单位废气超标问题进行了立案调查并处以 8 万元罚款，东湖新技术开发区管委会也下达了限期治理通知，要求该单位在 12 月 31 日前完成整改，做到达标排放。但武汉高新

热电有限责任公司认为新的燃气机组建设完成后将替代老的燃煤机组，不愿投入资金对其污染防治设施进行更新改造，其废气超标排放问题未得到解决。

2015 年 1 月 1 日起，《中华人民共和国环境保护法》正式施行，赋予了环境保护部门对违法排污且拒不改正的行为实施按日连续处罚的权力。2015 年第 1 季度监督性监测结果显示，武汉高新热电有限责任公司废气超标排放，武汉市环境保护局立即依法进行立案调查，责令该单位立即改正环境违法行为，对该单位送达《行政处罚听证告知书》、《行政处罚事先告知书》及《责令改正环境违法行为决定书》后，对该单位处 10 万元罚款，同时要求东湖新技术开发区环境保护分局对该单位下达限制生产的要求。

2015 年 3 月 24 日，该局对武汉高新热电有限责任公司环境违法行为的改正情况进行了复核，发现该单位仍未采取有效整改措施，废气仍然超标排放。该局决定对其实施按日计罚。4 月 24 日，对该公司下达《行政处罚决定书》，罚款 210 万元。

二、案件涉及的法律问题

本案件涉及《中华人民共和国环境保护法》规定的按日计罚与单行法规定的违法行为罚则适用问题。

《中华人民共和国环境保护法》于 2014 年 4 月 24 日第十二届全国人民代表大会常务委员会第八次会议修订后于 2015 年 1 月 1 日正式实施。本案中，2014 年，武汉市环境保护局东湖新技术开发区环境保护分局对武汉高新热电有限责任公司废气超标问题进行了立案调查时，《中华人民共和国环境保护法》尚未生效实施。此时应依据《中华人民共和国大气污染防治法》第四十八条“违反本法规定，向大气排放污染物超过国家和地方规定排放标准的，应当限期治理，并由所在地县级以上地方人民政府环境保护行政主管部处一万元以上十万元以下罚款。限期治理的决定权限和违反限期治理要求的行政处罚由国务院规定。”对该公司的超标排放废气行为进行处罚。

2015 年 1 月 1 日后，《中华人民共和国环境保护法》正式实施，武汉市环境保护局对该公司立案调查后，发现该公司仍有超标排放废气的行为，此时该行为应按照《中华人民共和国大气污染防治法》第四十八条规定进行处罚。即初次检查发现违法行为的处罚是依据单行法的规定，结合各地关于行政处罚的自由裁量权的规定确定处罚数额。这个处罚数额就是按日计罚罚款数额的基数。复查时，该企业仍然超标排放废气，环境保护部门可以依据《中华人民共和国环境保护法》第五十九条规定对企业进行按日连续处罚。因此，在适用按日计罚的案件中，《中华人民共和国环境保护法》和相关单项法应当结合起来。

三、本案启示

环境保护主管部门要严格依法行政，法无明文规定不可为。环境保护主管部门及其工作人员在执法时应当严格遵守现行环境保护法律法规的规定，严格适用法律。

江苏无锡惠山环保水务有限公司（前洲污水处理厂）废水超标按日连续处罚案

【案例提供单位】江苏省环境监察局

【案例类型】按日连续处罚

【案例名称】江苏无锡惠山环保水务有限公司（前洲污水处理厂）废水超标按日连续处罚案

【主要违法行为】超标排污

【污染类型】水污染

【处罚及执行情况】无锡惠山环保水务有限公司排污口废水超标被处以罚款并责令改正，无锡市环境保护局复查时其排污口废水仍处于超标状态。该公司被认定为拒不改正，故依法被处以按日连续处罚，罚款基数 13.91 万元，计罚天数 24 天，罚款总额 333.84 万元

【关键词】水污染、超标、按日连续处罚

一、基本案情与审理过程

2015 年 1 月 29 日，无锡市环境监察局对无锡惠山环保水务有限公司（前洲污水处理厂）（以下简称“前洲污水处理厂”）进行检查并对排污口采样，经监测发现，废水总氮浓度 18.7 mg/L（超标 0.25 倍）、氨氮 16.2 mg/L（超标 1 倍）。

2 月 9 日，无锡市环境保护局送达《责令改正环境违法行为决定书》与《行政处罚听证告知书》，责令前洲污水处理厂立即停止违法排污，采取治理措施，确保达标排放，如拒不改正违法行为，将实施按日连续处罚。3 月 31 日，无锡市环境保护局下达《行政处罚决定书》，对前洲污水处理厂废水超标排放行为处以罚款 13.91 万元。被处以罚款后，前洲污水处理厂积极开展整改工作。但因工艺复杂，整改确实需要超过一段时间（主要原因是，前洲污水处理厂接入的大部分是印染

废水，纺织印染行业因为提高了企业接管排放标准，导致污水处理厂生化效果差，尤其是在冬季，总氮因子很容易超标）。

然而，3 月 5 日，无锡市环境保护局组织对前洲污水处理厂废水排放情况进行复查时，监测结果仍表明排污口废水总氮浓度 23.9 mg/L（超标 0.6 倍）。

3 月 13 日，无锡市环境保护局再次送达《责令改正环境违法行为决定书》，责令前洲污水处理厂立即停止违法排污，采取治理措施，确保达标排放。

4 月 13 日，无锡市环境保护局下达按日连续处罚听证告知书，拟对前洲污水处理厂废水超标排放行为实施按日连续处罚，罚款基数 13.91 万元，计罚天数 24 天（起止时间为 2 月 10 日至 3 月 5 日），罚款总额 333.84 万元。

二、案件涉及的法律问题

本案涉及“拒不改正”情形的认定问题。

排污者被责令改正后拒不改正违法行为是启动“按日连续处罚”的条件之一，因此依法认定排污者“拒不改正”是十分必要的。

《环境保护主管部门实施按日连续处罚办法》 第十三条规定了两种“拒不改正”的情形。第一种情形是责令改正后仍继续违法排污的，与责令改正内容相对应，“拒不改正”违法排污行为即是未按照要求立即停止违法排污行为，复查时发现仍在继续违法排放污染物。即排污者没有完全回到合法排污状态，仍存在《环境保护主管部门实施按日连续处罚办法》第五条规定的违法排污情形之一。第二种情形是拒绝、阻挠环境保护主管部门实施复查的。本条中规定的“仍在继续违法排放污染物”即排污者未改正或未完全改正违法排污行为，复查时仍处于违法排污状态。

1. 排污者在被责令改正后进行整改，复查时仍未整改完成的，仍应认定为“拒不改正”

本案中前洲污水处理厂积极开展整改工作，在复查时仍发现超标排放废水的程度已经减轻，超标的倍数在下降，但仍然没有完全回到合法排污状态，仍属于继续违法排放污染物，因此在复查时仍需认定为“拒不改正”的情形。该厂积极整改的行为和态度并不能成为免除按日连续处罚的事由，而是取决于整改的结果是否符合法律的要求。从按日连续处罚的目的来看，其目的在于督促排污者合法排污，改正其违法行为，并不能因排污者有了整改行为而不对其进行惩处，否则排污者均会以正在整改但尚未整改完毕为由使环境执法无法进展，使按日连续处罚制度成为空谈。

2．复查时超标的污染因子与初次检查时超标的污染因子是不同的，只要仍处于超标排污情形，即认定为“拒不改正”

本案中无锡市环境监察局对前洲污水处理厂进行检查时，经监测发现废水总氮浓度 18.7 mg/L（超标 0.25 倍）、氨氮 16.2 mg/L（超标 1 倍），责令改正后，复查时监测结果表明排污口废水总氮浓度 23.9 mg/L（超标 0.6 倍）。虽然复查时超标因子与第一次检查不同，但仍属于“处于违法排污状态”非“合法排污状态”，而责令改正的是超标排污的行为，因此该公司在复查时仍未改正超标排污行为，应当认定为“拒不改正”。

三、本案启示

“拒不改正”是启动“按日连续处罚”的必要条件之一，因此环境行政执法机关与工作人员应当依法对“拒不改正”行为进行判断。“拒不改正”两种情形中，“责令改正后仍继续违法排污的”在实践中较为常见，只要是复查时发现其排污行为仍在继续，无论其是否已经采取整改措施、污染因子是否发生改变，都应认定为“拒不改正”。而另一种拒不改正情形“拒绝、阻挠环境保护主管部门实施复查”的认定也需引起注意。

中国石油天然气股份有限公司吉林石化分公司超标排污按日连续处罚案

【案例提供单位】吉林省环境监察总队

【案例类型】按日连续处罚

【案例名称】中国石油天然气股份有限公司吉林石化分公司超标排污按日连续处罚案

【主要违法行为】超标排污

【污染类型】大气污染

【违法企业所属行业】石油化工

【处罚及执行情况】中国石油天然气股份有限公司吉林石化分公司（动力一厂）电站锅炉排放废气超标，从2015年1月14日责令改正并处罚之日起至4月7日，先后被责令改正、复查发现未改正并处以按日连续处罚共四次，按日连续处罚总计罚款数额为102万元

【关键词】大气、超标、按日连续处罚

一、基本案情与审理过程

2015年1月9日，吉林市环境保护监测站对中国石油天然气股份有限公司吉林石化分公司（动力一厂）电站锅炉进行监测，主要污染物二氧化硫、氮氧化物、烟尘均超标。

首次处罚：1月14日，吉林市环境保护局向该公司下达了《责令整改违法行为决定书》（吉市环函[2015]4号），并于1月14日送达。2月3日下达了《行政处罚决定书》（吉市环罚字[2015]2号）。

复查与按日计罚：2月9日，经复查，该公司上述主要污染物依旧超标。2月13日下达了《责令改正决定书》（吉市环函[2015]18号）。3月2日下达了《行

政处罚决定书》（吉市环罚字[2015]6 号）。依据《中华人民共和国环境保护法》及其相关配套办法，吉林市环境保护局要求该公司立即停止违法行为，并对其实施按日连续处罚，起止时间为送达《责令整改违法行为决定书》次日起至复查发现超标排污日止，即 1 月 15 日至 2 月 9 日共计 26 日，每日罚款数额为 3 万元，按日连续处罚总计罚款数额为 78 万元。

再次复查与再次按日计罚：3 月 4 日，吉林市环境监察支队和吉林市环境监测站对该厂进行复查，吉林市环境监测站出具的监督性监测报告显示，该厂仍然超标，吉林市环境保护局对其第二次实施按日连续处罚，起止时间为送达《责令整改违法行为决定书》次日起至复查发现超标排污日止，即 2015 年 2 月 10 日至 2015 年 3 月 4 日，共计 23 日。原处罚决定书罚款数额为 3 万元，按日连续处罚总计罚款数额为 69 万元。

第三次和第四次复查与按日计罚：4 月 7 日，吉林市环境监察支队和吉林市环境监测站对该厂进行了第四次复查，期间还进行了第三次复查，这两次复查该厂仍然超标，吉林市环境保护局对其实施第三次按日连续处罚，起止时间为送达《责令整改违法行为决定书》次日起至复查发现超标排污日止，即 2015 年 3 月 5 日至 2015 年 4 月 7 日，共计 34 日。原处罚决定书罚款数额为 3 万元，按日连续处罚总计罚款数额为 102 万元。

二、案件涉及的法律问题

本案中，吉林市环境保护局共对中国石油天然气股份有限公司吉林石化分公司进行了四次按日连续处罚，是否违反了行政处罚“一事不再罚”的原则？根据环境保护部 2014 年 12 月 19 日发布的《环境保护主管部门实施按日连续处罚办法》第十四条规定：“复查时排污者被认定为拒不改正违法排放污染物行为的，环境保护主管部门应当按照本办法第八条的规定再次做出责令改正违法行为决定书并送达排污者，责令立即停止违法排放污染物行为，并应当依照本办法第十条、第十二条的规定对排污者再次进行复查。”环境保护主管部门实施按日连续处罚，加重处罚金额并非最终目的，而是在于督促排污者及时改正违法排污行为，消除继续违法排污对环境造成更大损害。若复查发现排污者拒不改正违法排放污染物行为，仅对初次责令改正后到复查期间的排污行为按日计罚，便终止处罚程序，就不能真正达到纠正违法行为的最终目的。若违法排污行为仍继续，却不需要再受到监督和处罚，就违背过罚相当的原则，违背按日连续处罚的目的，更不能实现《中华人民共和国环境保护法》的立法目的。因此依据《环境保护主管部门实施按日连续处罚办法》第十四条的规定，在复查时发现排污者拒不改正违法排污行为，环境保护部门在对初次责令改正后到复查期间违法排污行为实施连续处罚同时再次责令排污者改正违法行为，再次组织复查，直到违法排污行为终止。因此，依据《中华人民共和国环境保护法》的立法目的以及《环境保护主管部门实施按日连续处罚办法》的规定，按日连续处罚无次数限制，直至违法排污行为终止。另外，根据《环境保护主管部门实施按日连续处罚办法》第十八条规定，“再次复查时违法排放污染物行为已经改正，环境保护主管部门在之后的检查中又发现排污者有本办法第五条规定的情形的，应当重新做出处罚决定，按日连续处罚的计罚周期重新起算。按日连续处罚次数不受限制。”

但需要注意的是，实施按日连续处罚的根本目的不是罚款，而是督促企业改正违法行为。因此按日连续处罚不能无限期计罚，实行按日连续处罚仍不能有效抑制违法排污行为的，要依法采取《中华人民共和国环境保护法》规定的其他监管手段，如限制生产、停产整治、移送行政拘留等措施，打“组合拳”，对违法排污形成震慑，让违法者付出高昂的代价。

三、本案启示

吉林市环境保护局对中国石油天然气股份有限公司吉林石化分公司的环境违法行为，依据《中华人民共和国环境保护法》及其配套办法，连续四次实施按日连续处罚，对企业起到了震慑作用。但值得注意的是，按日连续处罚的目的在于督促企业改正违法行为，因此环境执法机关及工作人员应当是严格有行政处罚权的，并且有关行政机关应当严格执行相关的规定，认真履行监管职责，加强监督性检查，防止违法行为人逃避“责令改正”与“按日连续处罚”，更不得以任何方式如随意放宽责令改正期限等包庇、帮助违法行为人逃避处罚。

山西某钢铁公司不正常运行污染防治设施按日连续处罚案

【案例提供单位】山西省环境监察总队

【案例类型】按日连续处罚

【案例名称】山西某钢铁公司不正常运行污染防治设施按日连续处罚案

【主要违法行为】不正常运行污染防治设施

【污染类型】大气污染

【违法企业所属行业】钢铁

【处罚及执行情况】山西省某市环境保护局现场检查发现：山西某企业渣场冷却车间墙体彩板破损，除尘设施不正常运行；废钢铁料场破碎车间防尘设施不正常运行，粉尘无组织放散，造成污染。该市环境保护局即责令其停止违法排污，并立案对其行政处罚。11天后，该市环境保护局以暗查方式对企业进行现场复查，企业门卫拒绝执法人员进入检查。该局即启动按日计罚程序，对企业按日计罚110万元

【关键词】大气、超标、按日计罚

一、基本案情与审理过程

2015年3月10日，山西省某市环境保护局执法人员现场检查发现：山西省某钢铁公司渣场冷却车间墙体彩板破损，除尘设施不正常运行；废钢材料场破碎车间防尘设施不正常运行，粉尘无组织放散，造成污染。

该市环境保护局于3月14日下达《责令改正环境违法行为决定书》，责令企业停止违法排污。3月25日夜间，该市环境保护局以暗查方式对企业进行现场复查，企业门卫拒绝执法人员进入检查。

3月31日，该市环境保护局下达《行政处罚决定书》，对两项违法行为处以10万元罚款。

4月16日，该市环境保护局下达《行政处罚决定书》（按日连续处罚），计罚日数为3月15日至3月25日，共计11天，罚款人民币110万元。

二、案件涉及的法律问题

关于按日连续处罚程序中复查的方式及“拒不改正”的认定问题：

根据《环境保护主管部门实施按日连续处罚办法》第十条的规定“环境保护主管部门应当在送达责令改正违法行为决定书之日起三十日内，以暗查方式组织对排污者违法排放污染物行为的改正情况实施复查。”环境保护主管部门在组织复查时应当以“暗查”方式进行。对排污者实施暗查，强调的是实施复查之前不预先通知排污者。对环境保护主管部门来说，这有助于摸清排污者的真实排污状况，防止违法排污者采取临时停产措施制造已停止违法行为的假象或临时开启污染防治设施以应付检查。对被检查者来说，复查方式明确，也让其不敢存在侥幸心理，使按日连续处罚更具客观性和威慑力。

本案中，该市环境保护局以暗查方式对企业进行现场复查，企业门卫拒绝执法人员进入检查。该企业需要知晓的是，环境保护部门复查并不需要通知该企业，暗查是其法定的复查方式，是符合《环境保护主管部门实施按日连续处罚办法》规定的，也是《环境保护主管部门实施按日连续处罚办法》明确规定的复查方式，企业并不能以其未通知为由拒绝检查。该企业的行为是《环境保护主管部门实施按日连续处罚办法》第十三条规定的排污者拒不改正的情形，即“拒绝、阻挠环境保护主管部门实施复查”，可以处以按日连续处罚。

三、本案启示

按日连续处罚中，环境保护主管部门的复查具有重要意义：一是对违法排放污染物的行为实施后续督查，督促排污者及时改正违法行为；二是锁定按日连续处罚周期的终点。环境保护部门以暗查的方式进行复查，有利于预防权力寻租，真正发挥按日连续处罚的威慑力。因此，环境保护部门在组织复查时，一定要注意采取的复查方式，不要事先通知企业，否则不仅要依法承担法律责任，还会使复查流于形式，使按日连续处罚制度也成为空谈。

第二部分

查封、扣押

广州宝晨甲酯有限公司擅自收集、储存和处置废机油等危险废物被查封案

【案例提供单位】广州市环境保护局

【案例类型】查封

【案例名称】广州宝晨甲酯有限公司擅自收集、储存和处置废机油等危险废物被查封案

【主要违法行为】无相关许可资质，擅自收集、储存和处置废机油等危险废物

【污染类型】固体废物污染

【违法企业所属行业】炼油工业

【处罚及执行情况】2014年4月23日，广州市环境保护局在领导接访日活动中，接到群众举报白云区光明村某化工厂排放废水及恶臭气味扰民的问题，市、区两级环境保护部门随即开展现场调查，查实某化工厂实为“广州宝晨甲酯有限公司”（以下简称宝晨公司），该厂无相关许可资质，擅自收集、储存和处置废机油等危险废物。白云区环境保护局已于同年1月对其依法做出了责令立即停止生产、罚款2万元的行政处罚。该厂拒不履行环境保护部门的行政处罚决定，同年6月，白云区人民法院依据环境保护部门申请对其实施了强制停产措施，查封了主要生产设施。同时，环境保护部门依照最高人民法院、最高人民检察院《关于办理环境污染刑事犯罪适用法律若干问题的解释》的规定，移送公安机关立案侦查。2014年10月，该厂变更企业经营者规避行政处罚，并无视法院的查封决定，擅自破坏封条继续生产。鉴于该厂违法情节恶劣，严重污染环境并涉嫌环境犯罪，广州市环境保护局遂将其列为实施新法的第一个执法对象，于2015年1月4日依照《中华人民共和国环境保护法》有关规定，对其排污设备予以查封，果断制止其违法排污行为。1月21日，白云区环境保护局依其申请决定解除查封。2月10日，广州市环境保护局再次开展后督察，发现该公司已将原料油储罐、成品油储罐及废油提炼炉等全部设施搬离。至此，该厂持续数年的违法排污行为在《中华人民共和国环境保护法》的威力下终告结束

【关键词】危险废物、查封、后续检视

一、基本案情与查处过程

（一）发现问题

广州宝晨甲酯有限公司（以下简称宝晨公司）位于白云区光明村三窜街一处极其隐蔽的山坳中，远离村庄民居，道路狭窄荒僻难以发现。该公司持有工商营业执照，占地面积约 2 000 m^2，主要设备为 5 台废油提炼炉、5 个容量 10 t 成品油储罐和 9 个容量 30 t 原料油储罐，以建筑废料为燃料加热提炼违法收集的废机油。生产废水经简单沉淀外排，废气未经处理直排，无相关环境保护手续。

（二）屡罚不改

2014 年 1 月，宝晨公司受到环境保护行政处罚之后，拒不履行处罚决定，同年被该市环境保护局、市监察局挂牌督办，并通过媒体进行了曝光。2014 年 9 月，宝晨公司谎称已经实施停产搬迁，但环境保护部门后督察发现其夜间仍生产偷排，遂于当月再次申请法院强制执行。2014 年 10 月，该公司为规避行政处罚，将法定代表人变更为某村村民宋某，继续从事废机油提炼加工生产。环境保护部门在积极协调公安机关立案侦查的同时，重新对以宋某为经营者的宝晨公司进行了调查取证。但由于相关环境监测机构无法出具废机油属性的鉴定意见（不具备废机油或可燃性危险废物鉴定资质），公安部门认为证据不足未予立案。

（三）依法查封

针对宝晨公司恶劣的环境违法行径，广州市环境保护局和白云区环境保护局在综合研判案情的基础上，决定运用《中华人民共和国环境保护法》第二十五条赋予的行政强制权，依照《环境保护主管部门实施查封、扣押办法》规定对其实施查封措施，填补了案件查处与案件审理之间的空档期，彻底斩断环境违法的持续状态，避免可能造成的环境污染。

2015 年 1 月 4 日，《中华人民共和国环境保护法》实施首个工作日，广州市、区环境保护部门开展联合执法专项行动。行动前，环境监察人员深入研究案情，充分调查摸底，制定多个突发情况的应对预案。行动期间，后勤组做好法律文书准备和人员、车辆等保障，先遣组提前在外围隐蔽勘察，确定该厂生产状况后，指挥组立即调动执法组、新闻组和法律组人员按照工作分工迅速进入现场。其中，执法组负责现场制作调查询问笔录，法律组提出适用法律法规的建议，指挥组针对该厂违法处置危险废物的行为，当场决定依据《环境保护主管部门实施查封、扣押办法》第四条第（一）款规定，对其5台炼油炉膛及输油泵等排污设施实施查封。新闻组负责组织协调参与现场执法监督的14家媒体记者实地解析采访报道，借助媒体开展宣传，彰显实施新法、向污染宣战的行动效果。

（四）后续检视

根据《环境保护主管部门实施查封、扣押办法》第二十三条的规定，查封措施实施后，执法人员突击检视该厂设施设备封存情况，1月7日，检查发现该公司已在拆除辅助设施，主要生产设备查封状态良好。1月21日，白云区环境保护局依其申请决定解除查封。为防止其死灰复燃，2月10日，广州市环境保护局再次开展后督察，发现该公司已将原料油储罐、成品油储罐及废油提炼炉等全部设施搬离。至此，该厂持续数年的违法排污行为在新法的威力下终告结束。

二、案件涉及的法律问题

（一）废机油的认定问题直接影响法律的具体适用

依据环函[2011]87号的执法解释，机动车维修企业产生的废机油（包括未使用完毕残留附着在机油桶中的废机油），属于《国家危险废物名录》所列“900－249－08 其他生产、销售、使用过程中产生的废矿物油”。《中华人民共和国固体废物污染环境防治法》规定，禁止无经营许可证或者不按照经营许可证规定从事危险废物收集、贮存、利用、处置的经营活动。查封之前，环境保护部门曾协调公安机关对该公司涉嫌污染环境罪进行立案侦查，但由于相关环境监测机构均不具备废机油或可燃性危险废物鉴定资质，不能证明其非法排放、倾倒、处置危险废物3 t以上的违法事实，因此，公安部门认为证据不足未予立案。但《环境保护主管部门实施查封、扣押办法》第四条第一项情形规定违法排放、倾倒或处置危险废物可以实施查封、扣押，对排放危险废物的数量没有规定。因此，环境保护部门在发现这种可能造成严重污染行为之时，即可利用查封、扣押这一手段，及时制止违法行为，消除监管空档。

（二）妥善处理排污者私自拆封撤离的问题

环境保护部门查封后再次检查时，发现排污者已拆除设备自行撤离。从执法目的来讲，一次行政强制就达到了责令关停的效果，自然很好，但此中还存在一个违法行为，即排污者在环境保护部门未解封之前私拆封条、变更查封状态以及转移已查封的设施、设备的行为，按照规定，环境保护部门应提请公安机关根据《治安管理处罚法》处5日以上10日以下拘留，并处200元以上500元以下罚款。为了防止此类行政成本的不必要增加，建议环境保护部门在现场实施查封时对排污者说明，若清场撤离应当提前向环境保护部门报告，经环境保护部门同意解除查封后，排污者才可开始清场撤离，如此一来，排污者私自查封撤离的行为可以得到提前防范。

三、本案启示

在《中华人民共和国环境保护法》修订以前，法律未赋予环境保护部门查封污染企业的权力，因而在以往的执法过程中，环境保护部门因为不能采取强制性措施而出现执法“慢半拍”的局面，从而导致一方面公众将环境污染的责任归咎于环境保护部门执法不力；另一方面，环境违法行为得不到及时制止，不利于遏制环境污染。正是为了改变这种现状，国家对《中华人民共和国环境保护法》进行了修订，第二十五条规定明确赋予了环境保护部门查封、扣押权。如何在执法工作中实施好查封、扣押权，以本案为例，有以下几点启示：

（一）正确领会立法原意，紧急情形先查封、扣押

环境保护查封、扣押属于行政强制措施，通过对造成污染物排放的设施、设备予以暂时性控制，达到及时制止违法行为、预防污染状态蔓延的目的。《环境保护主管部门实施查封、扣押办法》中规定的五种具体适用情形都具备紧迫性的特征。在本案中，宝晨公司擅自收集、储存和处置的废机油属危险废物，生产过程中产生的油污、废气直接外排，污染严重，而且该提炼工艺性能不稳定，如果发生火灾，极易因爆炸而引发重大安全事故。因此，当排污者造成或可能造成严重污染的情形时，环境保护部门应先通过查封、扣押及时制止违法行为，再在查封、扣押期间对违法行为尽快做出相应行政处罚、处理决定，以及时遏制环境污染。

（二）善用行政强制措施，提升环境执法执行力

环境违法发现难、查处难、执行更难的问题一直是环境执法挥之不去的尴尬，法律白条现象严重损害了环境行政执法的刚性。如在本案中，从第一次立案调查到企业变更法人后重新立案调查期间，违法排污行为持续10个月未能遏制，而《中华人民共和国环境保护法》赋予环境保护部门查封、扣押的强制权，弥补了“发现行为、尚未处罚”这一空档，环境保护部门采取行政强制措施不仅能及时制止

违法行为，控制污染损害后果的发生和蔓延，而且还大大提高了法律的执行力。当然，这也要求执法人员必须精通业务，严格程序，准确适用法律法规，才能确保精准亮剑，保障办案质量。

（三）及时开展检视，巩固执法成效

实施《中华人民共和国环境保护法》后，环境执法不再是“一锤子买卖”，而是一个持续的过程。如实施查封等行政强制措施之后，执法人员需依法进行检视并跟进后续的处罚处理。本案中，环境保护部门在查封后 3 日即开展了第一次检视，随后根据排污者清场撤离的申请及时解除查封，1 个月后再次开展后督察，确认污染彻底消除。在当前基层环境执法力量相对薄弱的条件下，如何合理调配执法资源开展检视，各地可以根据实际情况进一步探索解决，如广州采用远程视频进行实时监控，是提高行政监管效能和优化社会资源配置节省行政成本的一个有益尝试。

（四）做好行动部署，防范暴力抗法事件

环境保护查封、扣押以行政机关所具有的强制力做后盾，其设定的义务状态必须得到满足与实现。相比行政处罚等手段，违法排污者在自身利益受到巨大损失的情况下，实施查封、扣押时更易发生暴力抗法等事件。本案中，环境保护部门在开展执法行动前通过加强领导、细致摸底、细化推演、做好预案，同时加强与公安等部门及属地政府的沟通衔接，控制了执法行动过程中出现暴力抗法事件的风险，保障了执法者自身安全。

（五）未追究刑责存遗憾，两法衔接待加强

本案涉嫌环境污染犯罪，但因环境保护部门和公安机关对废机油是否属于危险废物的问题上认识不统一，而监测机构目前尚无法对其危害性做出监测鉴定，因此先后两次都没有立案。从及时制止污染行为的角度来看，本案查封效果较为成功，但从依法制裁环境犯罪行为来讲，公安机关未对宝晨公司涉嫌污染环境行为进行立案查处，致使本案存在硬伤。在两法衔接上，尽管国家、省、市层面相继出台了《查处涉嫌环境污染犯罪案件的指导意见》和《强化行政执法与刑事司法衔接、建立联动执法》的文件，该市也在制度层面建立了联席会议、案件会商督办等工作机制，但具体到执行层面，部门衔接尚不顺畅，工作合力尚未形成，存在“上热下冷”现象，在鉴定、监测数据认可、证明标准、证据要求等方面仍存在体制性障碍。只有进一步理顺环境保护行政执法与刑事司法的高效衔接，“两高”司法解释和新环保法才可能真正变成一把快刀，发挥出最强大的威慑力！

广州市白云区环境保护局
环境保护查封、扣押决定书

云环封字〔2015〕0001号

当事人

名称：×××　组织机构代码证：无

住址：×××　联系电话：×××　邮政编码：

法定代表或负责人：×××　证件名称：☑居民身份证☐护照☐其他

证件号码：×××

行政强制措施

事实理由：

经查，当事人于2015年1月4日擅自处置危险废物，违反了《中华人民共和国固体废物污染环境防治法》第五十七条的规定。

依据：

☑1.《中华人民共和国行政强制法》第二十五条第一款

☑2.《中华人民共和国环境保护法》第二十五条

☑3.其他《环境保护主管部门实施查封、扣押办法》第四条

种类：

☑1.查封设施、设备　☐2.扣押设施、设备

期限：

查封、扣押期限为30日（时间从2015年1月4日起至2015年2月3日止）；查封、扣押期限不包括监测或技术鉴定的期间。

设施、设备清单

名称	数量	规格、型号及特征	生产厂家	保管人	存放地点
炼油炉	5			×××	該厂内

说明　本清单经标注后可使用续表进行记录。

告知事项

1.查封期间，当事人不得擅自损毁封条、变更查封状态、运行或使用被查封的设施、设备。

2.如你（单位）对本决定不服的，可以在接到本决定书之日起60日内向广州市白云区人民政府或广州市环境保护局申请行政复议，也可以在三个月内直接向人民法院提起诉讼。行政复议和诉讼期间不停止本决定的执行。

3.作出本决定行政机关：

（行政机关公章）

2015年1月4日

当事人签收及日期：×××　2015年1月4日（章）。

执法人员签名：×××　执法证号：×××　联系电话：×××；

×××　执法证号：×××　联系电话：×××。

第一联　归档

广州市白云区环境保护局
解除环境保护查封决定书

云环强解字〔2015〕0001号

XXX（炼废机油厂经营者）：

我局于2015年1月4日依法对你（单位）违法加工处置废机油造成污染物排放的行为作出查封决定（云环封字[2015]0001号）。经查，你已改正违法排污行为。我局现根据《中华人民共和国行政强制法》第二十八条第五款的规定和《环境保护主管部门实施查封、扣押办法》第十九条的规定，经我局负责人批准，依法决定解除。

特此通知。

第一联 归档

广州市白云区环境保护局
行政机关公章

2015年1月21日

当事人签收及日期：XXX 2015年1月21日（章）。

执法人员签名：XXX 执法证号：XXX 联系电话：XXX；

XXX 执法证号：XXX 联系电话：XXX。

广州市白云区环境保护局

云环保监[2015]273 号

环境保护行政处罚决定书

被处罚个人名称:×××(× × ×)炼废机油厂经营者

违法行为发生地址:广州市白云区×××

身份证号码: × × × 电话: × × ×

经查，你经营的炼废机油厂未办理环境影响评价审批手续和环境保护设施竣工验收手续，于 2014 年 10 月在广州市白云区钟× × ×× × × 正式投入生产，该项目在使用过程中有废水、废气、油渣等污染物产生、排放。

以上事实，有调查询问笔录、现场检查记录等为证。

你的上述行为，违反了《建设项目环境保护管理条例》第二十三条的规定。我局现根据《建设项目环境保护管理条例》第二十八条的规定，对你作出如下处罚：

停止生产。

你如对上述处罚决定不服，可在接到本处罚决定书之日起 60 日内向广州市环保局或白云区人民政府申请复议，或在 3 个月内直接向白云区人民法院起诉。行政复议、行政诉讼期间内，不得停止本决定的履行。

逾期不履行本处罚决定，我局将依法申请人民法院强制执行。

二〇一五年三月十三日

主题词：环保 处罚 决定

报送：区政府、市环保局

抄送：区法院、执法监察大队、建设项目管理科、钟落潭镇环安办

海宁八方水洗有限公司私设暗管查封、扣押案

【案例提供单位】海宁市环境保护局

【案例类型】查封、扣押

【案例名称】海宁八方水洗有限公司私设暗管查封、扣押案

【主要违法行为】私设暗管排放污染物，逃避监管

【污染类型】水污染

【违法企业所属行业】印染

【处罚及执行情况】针对海宁八方水洗有限公司通过暗管排污的违法行为，海宁市环境保护局依法对该企业下达了《责令改正违法行为决定书》、《环境保护查封、扣押决定书》以及《行政处罚决定书》。2 月 10 日，海宁市环境保护局下达《环境保护查封、扣押决定书》。2 月 11 日，海宁市环境保护局对该企业印染生产线（高温高压溢流染色机 13 台）实施了查封，对抽排污泥浓缩池污水的潜水泵（1 台）和软管（1 条）实施了扣押并下达《行政处罚事先告知书》；同时，正式对该企业下达《责令改正违法行为决定书》，告知企业如拒不改正上述环境违法行为，将对其实施按日连续处罚。2 月 26 日海宁市环境保护局做出了罚款人民币 10 万元的行政处罚决定，同时经该局案件审查小组讨论决定建议移交公安部门做进一步处理。《环境保护查封、扣押决定书》和《改正违法行为决定书》送达后，海宁八方水洗有限公司实施停产并拆除软管，安装了固定式管道回流污泥浓缩池污水

【关键词】水，私设暗管，查封、扣押，行政处罚，移送行政拘留

一、基本案情与审理过程

2015 年 2 月 5 日夜间，海宁市环境保护局接到举报，反映海宁八方水洗有限公司存在违法排污行为。海宁市环境保护局执法人员立即赶赴现场检查后发现，

2015年2月5日，海宁八方水洗有限公司的污水站操作工使用潜水泵和软管将污泥浓缩池中的污水直接排入污水入网口，且该软管绕过了废水在线监控设施的监测点，使废水在线监控设施无法监测到排放异常。执法人员检查发现该企业存在通过暗管排污的违法行为后，现场对入网口的软管出水进行采样，要求企业立即停止违法排放，拆除潜水泵与软管。

海宁市环境保护局于2015年2月6日对该单位私设暗管的行为予以立案调查。2月10日，海宁市环境保护局依法对该企业下达了《环境保护查封、扣押决定书》，对该企业印染生产线（高温高压溢流染色机13台）实施了查封，对抽排污泥浓缩池污水的潜水泵（1台）和软管（1条）实施了扣押。同时，海宁市环境保护局正式对该企业下达《责令改正违法行为决定书》和《行政处罚事先告知书》，责令立即改正“私设暗管”的违法行为，正常使用污水处理设施，污水稳定达标入网。如拒不改正上述环境违法行为，将按照《中华人民共和国环境保护法》第五十九条的规定，对其实施按日连续处罚。

2月26日，海宁市环境保护局对该企业下达了《行政处罚决定书》，按照处罚程序对该企业做出了行政处罚决定：罚款人民币10万元。同时，依据公安部、环境保护部、农业部《行政主管部门移送适用行政拘留环境违法案件暂行办法》第五条的规定，经该局案件审查小组讨论决定：海宁八方水洗有限公司通过暗管排放污染物的环境违法行为符合移送条件，建议移交公安部门做进一步处理。3月20日海宁市环境保护局将海宁八方水洗有限公司通过暗管排放污染物的环境违法案件移交公安机关。

《环境保护查封、扣押决定书》和《改正违法行为决定书》送达后，海宁八方水洗有限公司实施停产并拆除软管，安装了固定式管道回流污泥浓缩池污水。

二、案件涉及的法律问题

（一）对私设暗管行为的处置

海宁市环境保护局接到群众举报后，立即现场对入网口的软管出水进行采样，要求企业立即停止违法排放，拆除潜水泵与软管。

按照《环境保护主管部门实施查封、扣押办法》第四条第一款第（四）项的规定，“通过暗管、渗井、渗坑、灌注或者篡改、伪造监测数据，或者不正常运行防治污染设施等逃避监管的方式违反法律法规规定排放污染物”属于“环境保护主管部门应当实施查封、扣押”的行为。海宁八方水洗有限公司的主要生产设备为高温高压溢流染色机13台，定型机2台，生产废水主要来自高温高压溢流染色机，生产废水须经处理后达标排放，虽然该企业使用潜水泵和软管将污泥浓缩池中的污水直接排入污水入网口的持续时间、排放水量不能准确测定，但该案件“私设暗管”逃避监管的违法排污行为证据确凿充分，海宁市环境保护局可以对该单位采取查封、扣押措施。

海宁市环境保护局依据《中华人民共和国行政强制法》第二十五条第一款、《中华人民共和国环境保护法》第二十五条以及《环境保护主管部门实施查封、扣押办法》第四条的规定，对海宁八方水洗有限公司的有关生产线进行了查封，对相关偷排设施进行了扣押；依据《中华人民共和国行政处罚法》第二十三条和《中华人民共和国水污染防治法》第七十五条第二款的规定，责令排污企业立即改正“私设暗管”的违法行为，同时由于该企业私设暗管排放废水的行为违反了《中华人民共和国水污染防治法》第二十二条第二款的规定（禁止私设暗管或通过其他规避监管的方式排放水污染物），对该企业处以10万元罚款。

（二）实施查封、扣押应注意的问题

第一是实施主体，只能是县级以上人民政府环境保护主管部门和其他负有环境保护监督管理职责的部门。第二，对象是企业事业单位和其他生产经营者的造成污染物排放的设施、设备，例如本案中查封的对象是产生污染的印染生产线，扣押的对象是企业污水站的潜水泵和软管等设备。第三，查封、扣押的条件是违反法律法规规定排放污染物，造成或者可能造成严重污染。“违反法律法规规定排放污染物”的范围比较宽，既包括超标、超总量排放污染物，也包括采取逃避监管方式排放污染物等。“造成或可能造成严重污染”表明违法排污造成的后果。

行政机关采取查封、扣押措施后，应当及时查清事实，在法定期限内做出行政处罚或者行政处理决定。本案中，《环境保护查封、扣押决定书》和《改正违法行为决定书》送达后，海宁八方水洗有限公司实施了停产并拆除了软管，安装了固定式管道回流污泥浓缩池污水。那么海宁市环境保护局应当解除查封、扣押措施，立即退还扣押财物。

（三）与按日连续处罚的衔接

按日计罚制度提高了违法排污等持续性环境违法行为的违法成本，当然，其具有严格的适用条件，禁止滥用。《中华人民共和国环境保护法》第五十九条规定："企业事业单位和其他生产经营者违法排放污染物，受到罚款处罚，被责令改正，拒不改正的，依法做出处罚决定的行政机关可以自责令改正之日的次日起，按照原处罚数额按日连续处罚。"

实践中，实际"受到罚款处罚"的时间点（送达《行政处罚决定书》）与"被责令改正"（送达《责令改正决定书》）的时间点会有个时间差，因为处罚决定的正式做出要经历告知、听证等程序，而责令改正的决定仅需锁定违法排污行为即可下达，有的甚至当场可以下达。例如本案中，海宁市环境保护局 2 月 10 日下达的《行政处罚事先告知书》和《责令改正决定书》，而直到 2 月 26 日才正式决定处罚及数额，排污者海宁八方水洗有限公司无法在被责令改正之日就知道将被罚款与否、金额多少和拒不改正带来的严重后果。实践中，排污者"拒不改正"与否要依靠复查的情况来判断，复查时间的选择，应合理适当，较好的选择是在正式送达《行政处罚决定书》之后，给予执法对象一定的反应时间，保障执法对象的知情权。

三、本案启示

《中华人民共和国环境保护法》对于"通过暗管、渗井、渗坑、灌注等不经法定排放口排放污染物等逃避监管的方式违法排放污染物"的行为规定了严厉全面的处罚措施，对这种恶意的违法排污行为，《中华人民共和国环境保护法》赋予环境保护部门实施查封、扣押，按日计罚，停产整治，移送行政拘留等多种相互衔接的强制或处罚手段。

桦增橡塑制品有限公司建设项目违法超标排放废气查封案

【案例提供单位】某环境保护局

【案例类型】查封、扣押；限产、停产

【案例名称】桦增橡塑制品有限公司建设项目违法超标排放废气查封案

【主要违法行为】未办理环评手续，擅自投入生产，超标排放废气

【污染类型】大气污染

【违法企业所属行业】橡塑制造

【处罚及执行情况】2014 年，某环境保护局针对群众反映的桦增橡塑制品有限公司未办理环评手续、擅自投入生产、排放的工艺废气超标、污染扰民的行为，经立案调查属实，处以该公司 5 万元罚款并责令立即停止生产、限期改正、补办环评审批手续。2015 年，该环境保护局再次发现该企业仍存在违法生产、超标排放废气的行为，于是按照《中华人民共和国环境保护法》关于查封、扣押的规定，对该单位生产车间内的 5 个脱硫罐实施就地查封。至此，企业负责人表示，将按照环境保护部门要求停止生产，并对设备就地封存，保证不再进行生产

【关键词】废气、超标、责令停止生产、查封

一、基本案情与审理过程

2014 年，某环境保护局接到群众举报反映桦增橡塑制品有限公司未办理环评手续，擅自投入生产，排放的工艺废气超标，污染扰民。该环境保护局立案调查后发现，群众反映问题属实，故依法向该企业下达了《环境保护违法行为限期改正通知书》、《行政处罚事先告知书》和《行政处罚听证告知书》，并口头和书面告知了污染企业有陈述申辩权、申请听证权等权利。听证期限过后，对该企业违反环境影响评价制度的违法行为处以 5 万元罚款并责令其立即停止生产。2015 年年初，相关媒体披露该企业仍然违法生产并向大气排放污染物。该环境保护局立即

再次对该企业立案调查，发现其仍存在违法生产、超标排放废气的行为。为了避免该企业违法生产可能造成的严重环境污染，1 月 20 日晚，该环境保护局按照《中华人民共和国环境保护法》关于查封、扣押的规定，对该单位生产车间内的 5 个脱硫罐实施就地查封并张贴封条，要求企业在查封期间不得动用设备，否则将依据《中华人民共和国治安管理处罚法》提请公安机关依法处理。企业负责人表示，将按照环境保护部门要求停止生产，并对设备就地封存，保证不再进行生产。

二、案件涉及的法律问题

（一）首次执法的程序和效果

该环境保护局 2014 年第一次对桦增橡塑制品有限公司进行立案调查，此时《中华人民共和国环境保护法》（2015 年 1 月 1 日正式施行）尚未施行，环境保护部门并不具有查封、扣押权，执法依据的是 1989 年《中华人民共和国环境保护法》第三十六条“建设项目的防止污染设施没有建成或者没有达到国家规定的要求，投入生产或者使用的，由批准该建设项目的环境影响报告书的环境保护行政主管部门责令停止生产或者使用，可以并处罚款”，以及《中华人民共和国环境影响评价法》第二十二条第一款对行为定性的规定、第三十一条第一款规定的处罚幅度，在下达了《环境保护违法行为限期改正通知书》、《行政处罚事先告知书》和《行政处罚听证告知书》并口头和书面告知了污染企业有陈述申辩权、申请听证权等权利的前提下，在听证期限过后，鉴于该企业能申请补办有关环评审批程序，该环境保护局对该企业违反环境影响评价制度的违法行为处以《中华人民共和国环境影响评价法》第三十一条第一款规定的处罚下限（5 万元）并责令立即停止生产、限期改正，其定性准确、程序合法、量罚适当。

但我们可以看到 2014 年第一次执法的效果并不理想。企业环境违法行为没有得到彻底纠正，环境保护部门责令停止生产的行政命令没有得到执行。常规的行政处罚和行政命令手段对这种“无赖”企业显得没有威慑力。

（二）《中华人民共和国环境保护法》实施后的执法情况

《中华人民共和国环境保护法》自 2015 年 1 月 1 日起正式施行，其中第二十五条“企业事业单位和其他生产经营者违反法律法规规定排放污染物，造成或者可能造成严重污染的，县级以上人民政府环境保护主管部门和其他负有环境保护监督管理职责的部门，可以查封、扣押造成污染物排放的设施、设备”赋予了环保监管部门查封权、扣押权。同日，《环境保护主管部门实施查封、扣押办法》开始施行，其第四条规定了查封、扣押的适用情形，把第六款“法律、法规规定的其他造成或者可能造成严重污染的违法排污行为”作为兜底条款。本案中排污企业在未办理环评审批手续的情况下非法投入生产、超标排放废气、污染扰民且依据该兜底条款实施查封措施，适用法律不准确。因为“其他”违法排污行为应为法律、法规明确规定的情形，而不是执法人员创设的。

三、本案启示

《中华人民共和国环境保护法》授予了县级以上人民政府环境保护主管部门和其他负有环境保护监督管理职责部门对违法排污设备的查封、扣押权，规定行政拘留措施设立引咎辞职制度、规定按日计罚的措施，让《中华人民共和国环境保护法》长出能制裁违法行为的“爪”与“牙”。

环境执法部门实施新法规定的监管手段应注意：一是执法后应复查，及时跟进了解行政相对人的执行情况，确保达到良好的执法效果；二是自由裁量幅度要与违法主体的改正态度等因素相适应，做到过罚相当；三是行政行为的明确性，针对排污行为是否停产整治生产线、限制生产，限制生产的标准、期限，其他手续的补办等，应明确告知行政相对人；另外，本着执法的合比例原则，应采取建设性的态度，严格依法采取强制或处罚措施，在促进生产的同时实现环境保护的目的。

青海大自然地毯纱有限公司超标排污查封案

【案例提供单位】西宁市环境保护局

【案例类型】查封、扣押

【案例名称】青海大自然地毯纱有限公司超标排污查封案

【主要违法行为】超标排污

【污染类型】水污染等

【违法企业所属行业】印染行业

【处罚及执行情况】青海省西宁市环境保护局针对青海大自然地毯纱有限公司排放污水超标且污水含有苯胺类有机污染物的违法行为，查封了该企业的相关生产设备，并下达了《责令改正违法行为决定书》，责令立即停产整治，查明超标原因。随后，按照《中华人民共和国水污染防治法》第九条和第七十四条之规定，对该企业进行了29 814.6元经济罚款

【关键词】水、超标排放、查封、停产整治

一、基本案情与审理过程

青海大自然地毯纱有限公司，位于青海省西宁市，主要生产各类地毯纱、地毯，包括印染及后整理加工，排放废水现执行《纺织染整工业水污染物排放标准》（GB 4287—2012）。2015年1月28日，西宁市环境监测站对该企业进行第一季度监督性监测时发现，该企业处理后污水多项因子超标，并检测出含有苯胺类物质。对此，西宁市环境保护局立即对该企业进行了现场调查，并按照《中华人民共和国环境保护法》第二十五条的规定，查封了该企业的相关生产设备，并下达了《责令改正违法行为决定书》，责令立即停产整治，查明超标原因。随后，按照《中华人民共和国水污染防治法》第九条和第七十四条的规定，对该企业进行了29 814.6

元经济罚款。此案件成为2015年《中华人民共和国环境保护法》实施以来，青海省首例环境保护部门实施查封措施的案件。

二、案件涉及的法律问题

（一）处罚措施的适用

由于本案排污企业所排放的污水含有苯胺类物质，西宁市环境保护局根据《环境保护主管部门实施查封、扣押办法》第四条第一款第（一）项，决定对其相关生产设备进行查封。

（二）程序问题

《环境保护主管部门实施限制生产、停产整治办法》第十五条第二款规定："停产整治的期限，自责令停产整治决定书送达排污者之日起，至停产整治决定解除之日时止。"本案中，西宁市环境保护局责令排污者立即停产整顿，查明超标原因，并未规定停产期限，青海省环境监测中心站对该企业进行了跟踪监测，确保企业处理水质达标后方才允许该企业恢复生产。

三、本案启示

对环境执法部门的启示。

第一，紧盯行业标准，重点监控，发现问题立即采取措施。随着《中华人民共和国环境保护法》颁布实施以来，西宁市环境保护局按照其要求，紧盯各行业排放标准变化，利用现场监察、在线数据监控和监督性检测等有效手段，及时发现企业存在的环境违法问题，采取有效措施防止环境污染事件发生。

第二，及时发现问题，彻查到底，督促企业立即自查整改。发现企业存在的问题后，西宁市环境保护局及时对企业生产设施进行了查封，并要求该企业从源头开始彻查超标原因，提供原料检测报告，并对污水处理设施进行维护检修。

第三，营造舆论压力，进行媒体曝光，确保企业有效整改。积极营造舆论压力，利用媒体对该企业进行曝光，让广大市民进行监督，督促企业加快整改进程，确保有效整改。同时，青海省环境监测中心站对该企业进行了跟踪监测，确保企业处理水质达标后方才允许该企业恢复生产。

北京三叶巢装饰工程有限公司底漆车间被查封后私自损毁封条，擅自恢复生产案

【案例提供单位】北京市大兴区环境保护局

【案例类型】查封、扣押、停产

【案例名称】北京三叶巢装饰工程有限公司底漆车间被查封后私自损毁封条，擅自恢复生产案

【主要违法行为】不安装挥发性有机物废气污染防治设施，擅自损毁封条、恢复生产

【污染类型】大气污染

【违法企业所属行业】装修制造业

【处罚及执行情况】北京三叶巢装饰工程有限公司在家居生产过程中不安装使用污染防治设施，致使挥发性有机物废气未经处理直接排入大气环境，对周围大气环境造成污染。北京大兴区环境保护局对该单位底漆车间进行了现场查封，并对负责人进行了调查询问。复查中发现该单位工作人员擅自损毁封条，开启底漆车间并现场进行生产作业，该环境保护局向该单位下发了《行政处罚事先告知书》和《行政处罚听证告知书》，其后针对该单位涉嫌违法排放大气污染物案召开了重大行政处罚案件领导小组集体讨论，决定责令该单位停止喷漆工艺，处罚款5万元整。复查后，该环境保护局同时将该单位擅自损毁封条的行为提请当地公安机关处理，但公安机关认为该公司行为不符合治安管理处罚条件

【关键词】挥发性有机物废气、查封、复查、擅自撕毁封条、责令停工

一、基本案情与审理过程

2015年3月21日，北京市大兴区环境保护局在执法检查中发现位于大兴区的北京三叶巢装饰工程有限公司，在从事家具生产过程中，底漆车间未安装挥发

性有机物废气污染防治设施使喷漆过程中产生的挥发性有机物废气未经处理直接排入大气环境，对周围大气环境造成污染。其行为违反了《北京市大气污染防治条例》第五十七条第一款的规定。依据《中华人民共和国行政强制法》第二十五条第一款和《中华人民共和国环境保护法》第二十五条的规定，大兴区环境保护局对该单位底漆车间进行了现场查封。

2015年3月23日，大兴区环境保护局对该单位负责人进行了调查询问，2015年4月13日向该单位下发了《行政处罚事先告知书》和《行政处罚听证告知书》；2015年4月21日，针对该单位涉嫌违法排放大气污染物案召开了重大行政处罚案件领导小组集体讨论，决定责令该单位停止喷漆工艺，处罚款5万元整。

2015年4月9日，现场复查中发现，该单位工作人员擅自损毁封条，开启底漆车间并现场进行生产作业，按照《环境主管部门实施查封、扣押办法》第二十三条第二款规定，“排污者阻碍执法、擅自损毁封条、变更查封状态或者隐藏、转移、变卖、启用已查封的设施、设备的，环境保护主管部门应当依据《中华人民共和国治安管理处罚法》等法律法规及时提请公安机关依法处理。”

大兴区环境保护局当即与公安部门取得联系，但公安部门指出，《中华人民共和国治安管理处罚法》第五十条第（二）项规定，“阻碍国家机关工作人员依法执行职务的，处警告或者二百元以下罚款；情节严重的，处五日以上十日以下拘留，可以并处五百元以下罚款”；第六十条第（一）项规定，“隐藏、转移、变卖或者损毁行政执法机关依法扣押、查封、冻结的财物的，处5日以上10日以下拘留，并处二百元以上五百元以下罚款。”该单位擅自损毁封条，开启底漆车间并现场进行生产作业的行为并不适用上述两项法条的规定，故不符合治安拘留条件。

二、案件涉及的法律问题

（一）对于未安装防污设施的处置

针对北京三叶巢装饰工程有限公司因未安装挥发性有机物废气污染防治设施，致使生产过程中产生的挥发性有机物废气未经处理直接排入大气环境，造成污染的行为，大兴区环境保护局根据《中华人民共和国行政强制法》第二十五条第一款和《中华人民共和国环境保护法》第二十五条、《北京市大气污染防治条例》第五十七条第一款，于2015年3月21日对该单位底漆车间进行了现场查封。其后，该环境保护局于 3 月 23 日对该单位负责人进行了调查询问，于 4 月 13 日向该单位下发了《行政处罚事先告知书》和《行政处罚听证告知书》，于 4 月 21 日（自查封的之日起第 30 日）针对该单位涉嫌违法排放大气污染物案召开了重大行政处罚案件领导小组集体讨论，并做出了责令该单位停止喷漆工艺、处罚款 5 万元整的行政处罚决定。大兴区环境保护局的行政处罚行为在程序上符合《环境保护行政处罚办法》第二条、第三十二条、第三十三条的规定，处罚的金额大小符合《北京市大气污染防治条例》第一百零八条的规定。

（二）对于擅自撕毁封条行为的处置

环境保护部门依据《中华人民共和国环境保护法》的相关规定，对企业违法排污设施依法予以查封，无疑具有法律效力。针对违法企业擅自损毁封条，进行生产作业的情况，《环境主管部门实施查封、扣押办法》第二十三条第二款的规定已经相当明确，“排污者擅自损毁封条、变更查封状态”的行为已经符合移送公安机关的条件，但同时指出，需要“依据《中华人民共和国治安管理处罚法》等法律法规及时提请公安机关依法处理”。但是《中华人民共和国治安管理处罚法》中最贴切的法条也只是对“阻碍国家机关工作人员依法执行职务的”和“隐藏、转移、变卖或者损毁行政执法机关依法扣押、查封、冻结的财物的”行为予以治安拘留并处罚款，并不适用本案中实际发生的“擅自损毁封条，开启底漆车间并现场进行生产作业”行为。因此，建议环境保护部与公安部就此问题进行沟通，予以明确解释，比如在《行政主管部门移送适用行政拘留环境违法案件暂行办法》中增加对私自损毁封条的行为的制裁手段，从而确保环境执法人员在使用查封手段时，能够具有更强的约束力。

三、本案启示

第一，本案中北京市大兴区环境保护局对污染企业的底漆生产车间采取现场查封的强制措施、后责令停止喷漆工艺并处以罚款的行政行为正当合法，无程序瑕疵，但如果在查封后及时调查并综合运用责令停止生产、限期改正和罚款的行政手段，打出“组合拳”，将更能实现比例原则以及防治污染的执法目的。

第二，查封等行政强制行为对于行政相对人使用、处置财物构成了限制，因而对于违法行为具有实际的阻力和威慑力。但行政强制措施具有临时性特点，行政机关采取查封、扣押措施后，应当及时查清事实。在法定期限内（本案是 30 天）及时做出处理决定。本案中环境保护部门在做出查封决定后第 30 天做出了责令停止喷漆工艺、处以罚款的决定，虽未超出 30 日之限，但早在 12 天前便已发现污染者撕毁封条恢复生产的行为，最终决定的做出似乎不够及时。

江西某加工厂非法生产，排污设备查封案

【案例提供单位】江西省新余市环境保护局

【案例类型】查封、扣押

【案例名称】江西某加工厂非法生产，排污设备查封案

【主要违法行为】非法营业，未设污染防治设施，非法排放污染物

【污染类型】水污染

【违法企业所属行业】化工

【处罚及执行情况】针对江西某加工厂在不具备经营合法手续和配套建设污染防治设施的情况下，非法排放化工污染物，污染水环境的违法行为，江西省新余市环境保护局经调查询问、委员会审议，向该加工厂下达《查封决定书》，对非法排污设备实施查封。后该加工厂向该市环境保护局提出解除查封申请，经该市环境保护局执法人员现场核查，认为符合解除查封条件，下达《解除查封决定书》

【关键词】水、非法排污、查封、解除查封申请

一、基本案情与审理过程

2015 年 1 月 30 日，江西省新余市环境保护局执法人员对辖区企业进行巡查时，发现一家“作坊式”加工厂藏匿于闲置厂房内，隐蔽从事碳化硅加工提纯。经调查询问，该加工厂未办理任何证照，于 2014 年 10 月投入生产，且无水污染防治设施，生产污水未经处理直接经厂内雨水沟排入附近自然水体，污染地表水环境。

新余市环境保护局行政处罚案件审理委员会审议认为：该加工厂在不具备合法手续和配套建设污染防治设施的情况下，非法排放污染物，为及时阻止该加工厂非法排污行为，最大限度减少环境污染，应对该公司排污设备实施查封。

2月5日，新余市环境保护局向该加工厂下达《查封决定书》，并对非法排污设备实施查封。3月6日，该加工厂向新余市环境保护局提出解除查封申请，并承诺自行拆除所有生产设备。3月9日，新余市环境保护局执法人员现场核查，认为符合解除查封条件，下达《解除查封决定书》。

二、案件涉及的法律问题

（一）违法行为的认定

经新余市环境保护局执法人员调查，本案中的行政相对人——一家“作坊式”加工厂未办理任何证照，不具备从事化工的资质而隐蔽从事碳化硅加工提纯，且没有任何防污设施，生产污水污泥未经处理直接经厂内雨水沟排入附近自然水体，污染了地表水环境。该厂上述排污行为，属于《环境保护主管部门实施查封、扣押办法》第四条第一款第（四）项的“通过暗管、渗井、渗坑、灌注或者篡改、伪造监测数据，或者不正常运行防治污染设施等逃避监管的方式违反法律法规规定排放污染物的”这类“应当实施查封、扣押”的情形，违法事实清楚，证据充分。

（二）程序问题

新余市环境保护局对本案中加工厂的排污设备实施查封、扣押，须符合《环境保护主管部门实施查封、扣押办法》对于主体（县级以上环境保护主管部门）、对象（造成污染物排放的设施、设备）、调查取证、审批、决定、执行、送达、解除等方面的程序规定。

本案中，新余市环境保护局执法人员是在对辖区企业进行巡查时发现排污行为的存在，对现场的生产设备运行、非法排污情况进行了全面检查并制作笔录，询问工作人员并制作笔录，调查取证工作到位。

“需要实施查封、扣押的，应当书面报经环境保护主管部门负责人批准；案情重大或者社会影响较大的，应当经环境保护主管部门案件审查委员会集体审议决定”，本案作为《中华人民共和国环境保护法》实施以来新余市查封首案，经该市环境保护局行政处罚案件审理委员会审议做出查封决定，体现出该市对于环境保护执法工作推进的重视。

新余市环境保护局在执行查封决定前，明确告知该加工厂负责人实施查封的理由、依据及其依法享有的权利、救济途径，并听取其陈述和申辩；2月5日向该厂送达内容完整的《查封决定书》并对制作查封清单、张贴封条，符合《环境保护主管部门实施查封、扣押办法》关于告知、执行程序的规定。

本案中，行政相对人加工厂在法定30天查封期限届满之前向该市环境保护局提出解除查封申请，并承诺自行拆除所有生产设备。自收到申请之日起的5个工作日内（3月9日），新余市环境保护局执法人员组织现场核查，确认加工厂“确已改正违反法律法规规定违法排放污染物行为”，符合《环境保护主管部门实施查封、扣押办法》第十九条规定的解除查封条件，下达《解除查封决定书》。

（三）具体问题处理

实际工作中，存在个别当事人被查封或扣押排污设备后，担心受到更严重的行政处罚，采取逃离、回避的态度，放弃对生产设备的所有权，导致环境保护部门无法联系到当事人的情况。上述情况影响了后续执法工作的开展，如何跟进？

环境执法的根本目的是一致的，但方式方法应有所区分。对于有合法营业执照、正常经营而存在污染环境情况的企业，要增加企业的违法成本，及时遏制污染状态的蔓延与扩大；而对于非法生产经营的商家，首先是采取纠正的方式，如纠正不成则果断采取取缔的手段，杜绝类似本案中的隐蔽非法经营的“小作坊”的存在。

三、本案启示

这起案件为《中华人民共和国环境保护法》实施以来，新余市首例查封排污设备案。新法赋予的权力和手段，可以及时、有效地阻止污染物非法排放行为，从发现到查封设备，仅历时5天。按照以往的行政处罚程序，不仅处理时间长、执行难，还难以起到目前的执法效果。

实际工作中，存在一部分藏匿于偏僻位置的“作坊式”加工厂，投资少，设施简陋，且污染又比较大。在新法实施前，对于此类生产行为，只能根据《中华人民共和国水污染防治法》等责令停止生产、处以罚款，而《中华人民共和国环境保护法》实施后，配套办法明确了查封、扣押的一整套程序，可以通过现场查封、扣押非法排污设备，及时、有效地制止这种违法排污行为，减少对周边环境的危害。

腾达建设集团股份有限公司
未批先投产，非法排污查封案

【案例提供单位】某环境保护局

【案例类型】查封、扣押

【案例名称】腾达建设集团股份有限公司未批先投产，非法排污查封案

【主要违法行为】未批先投产，拒不执行责令停产决定，非法排污

【污染类型】大气污染、水污染

【违法企业所属行业】建筑

【处罚及执行情况】针对腾达建设集团股份有限公司75省道南延沥青搅拌站沥青搅拌项目未批先投产行为，该地区环境保护局于2013年立案查处并下达《行政处罚决定书》，但该相对人并未停止生产；该环境保护局于2015年5月22日对其下达《责令停止建设（生产）决定书》。5月23日复查，发现当事人对于该环境保护局做出的责令停产拒不执行，生产过程中产生的废气粉尘对周边环境造成较大污染，环境保护部门当场对该沥青搅拌站主要电源及电箱进行了查封

【关键词】责令停产、拒不执行、非法排污、查封

一、基本案情与审理过程

经查，腾达建设集团股份有限公司75省道南延沥青搅拌站沥青搅拌项目未批先投产，该地区环境保护局已于2013年对其进行立案查处并下达《行政处罚决定书》。2015年5月22日，该环境保护局在执法检查时发现该厂正在进行沥青搅拌项目生产，环境保护局于当日对其下达《责令停止建设（生产）决定书》，责令当事人立即停止生产。随后，环境保护局执法人员在2015年5月23日再次对该沥青搅拌站进行现场检查，发现当事人对于该局做出的责令停产拒不执行，仍在生产，生产过程中产生的废气粉尘对周边环境造成较大污染，为确保周边环境安全，

环境保护部门当场对该沥青搅拌站主要电源及电箱进行了查封。

二、案件涉及的法律问题

（一）针对未批先建行为的处罚措施的适用

2013 年，腾达建设集团股份有限公司在 75 省道南延的沥青搅拌站沥青搅拌项目未经批准而先投入生产，但是“未批”究竟是“未报批”，还是“报批后未经批准同意”，我们不得而知。根据 1989 年《中华人民共和国环境保护法》第十三条规定，“建设项目的环境影响报告书，必须对建设项目产生的污染和对环境的影响做出评价，规定防治措施，经项目主管部门预审并依照规定的程序报环境保护行政主管部门批准。环境影响报告书经批准后，计划部门方可批准建设项目设计任务书。”依据《中华人民共和国环境影响评价法》第三十一条第一款的规定，如果是建设单位未依法报批或重新报批建设项目环评文件而擅自开工建设的，由环境保护行政主管部门责令停止建设，限期补办手续；逾期不补办手续的，可以处以罚款，并对直接负责的主管人员和其他直接责任人员依法给予行政处分；如果是“报批后未经批准”的，则责令停止建设、处以罚款、给予行政处分。2013 年该地区环境保护局首次对于本案污染企业未批准先投产行为进行立案查处时，下达了《行政处罚决定书》，具体内容是责令停止建设、限期补办手续，还是直接责令停止生产，有否并处罚款，有否对于责任人的行政处罚，也不得而知。

决定书送达后行政相对人是否申请过行政复议或提起过诉讼，以及行政主体对于相对人不履行义务的后续处理，同样不得而知。总之，这一纸决定书没有发挥其应有的强制力。针对行政相对人逾期不履行处罚决定的行为，做出行政处罚决定的行政机关可以根据《中华人民共和国行政处罚法》第五十一条的规定，每日按百分之三加处罚款（针对到期不缴纳罚款的）或者申请法院强制执行。

（二）责令停止生产的性质辨析

2015 年 5 月 22 日，该环境保护局进行执法检查时发现该厂正在进行沥青搅拌项目生产，于是当日对其下达《责令停止建设（生产）决定书》，责令当事人立即停止生产。注意这里的责令停止生产并非《环境保护主管部门实施限制生产、停产整治办法》所规范的针对超标排污者的违法行为进行停产整治的行政强制措施（见该办法第二条），而仍然是针对“未批先投产”这一未完成环境保护相关审批程序的非法建设生产行为做出的决定，这一点，从环境保护部门做出决定时未提及生产对于环境造成的不利影响也可看出。

（三）对于拒不执行责令停产决定的处置措施

本案中非法生产企业拒不执行停产决定，如何处理？《环境保护主管部门实施查封、扣押办法》第四条第（五）项规定“较大、重大和特别重大突发环境事件发生后，未按照要求执行停产、停排措施，继续违反法律法规规定排放污染物的”，本案中并未提及发生过突发环境事件，不能适用该条款。《中华人民共和国环境保护法》第六十一条规定“建设单位未依法提交建设项目环境影响评价文件或者环境影响评价文件未经批准，擅自开工建设的，由负有环境保护监督管理职责的部门责令停止建设，处以罚款，并可以责令恢复原状”，第六十三条第（一）项规定，“建设项目未依法进行环境影响评价，被责令停止建设，拒不执行”且“尚不构成犯罪的”，可移送公安机关，对其直接负责的主管人员和其他直接责任人员，处以拘留。无论哪一条均未体现“未批先投产”行为（重点在于未经环境保护部门批准）的法律责任条款，都没有赋予环境保护主管部门对于此类生产经营者的设施设备进行查封、扣押的权力，尽管该环境保护局在2015年5月查封该厂设备的执法行动中提及“生产过程中产生的废气粉尘对周边环境造成较大污染，为确保周边环境安全”，但这仍不符合《环境保护主管部门实施查封、扣押办法》第四条规定的适用情形，不足以构成实施查封的依据。

第三部分

限制生产、停产整治

南通腾和新型建材有限公司、南通馔玉食品有限公司雨水管超标排污停产整治案

【案例提供单位】江苏省南通市崇川区环境保护局

【案例类型】停产整治

【案例名称】南通腾和新型建材有限公司、南通馔玉食品有限公司雨水管超标排污停产整治案

【主要违法行为】未申报登记排污、超标排放废水、不正常运行防治污染设施、逃避监管

【污染类型】水污染

【违法企业所属行业】建材、食品

【处罚及执行情况】江苏省南通市崇川区环境执法人员在检查中发现南通腾和新型建材有限公司、南通馔玉食品有限公司两家企业通过雨水管道排污且排污超标后，当即要求该企业停止违法排放，封堵沉淀池与雨水管的接口，并对雨水管的污水进行取样。在查处的过程中，两家企业主动采取措施停止排污，配合环境保护部门做好调查工作，积极整改的意愿比较明显。3 月 9 日，崇川区环境保护局正式对两家企业下达《责令停产整治决定书》，责令当事人收到决定后立即停产整治。改正方式包括停止生产、制定整治方案、实施整改。由于两家企业通过规避监管的方式向雨水管排放超标废水，崇川区环境保护局对两家企业的行政处罚正在按照程序推进，企业还需要承受相应的经济处罚。《停产整治决定书》送达后，南通腾和新型建材有限公司已停产，计划搬迁至海安；南通馔玉食品有限公司已停产，正在进行污水管网改造

【关键词】水、超标排污、逃避监管、停产整治

一、基本案情与审理过程

南通腾和新型建材有限公司的工作人员将清洗筒子水通过自挖渠道排入沉淀池，沉淀池满后通过雨水管道排入公司西侧河道。南通馔玉食品有限公司的工作人员则是将清洗酱菜的废水排入污水处理设施，经过生化处理排放，通过雨水管道排入任港河。执法人员检查发现后，当即要求企业停止违法排放，封堵沉淀池与雨水管的接口，并对雨水管的污水进行取样。

采样监测数据显示：南通腾和新型建材有限公司污水 pH 值为 7.56，SS 为 1 830 mg/L（标准值为 50 mg/L）；南通馔玉食品有限公司污水 pH 值为 7.90，COD 为 2 850 mg/L（标准值为 80 mg/L），SS 为 344 mg/L（标准值为 50 mg/L）。

在查处的过程中，企业意识到自身行为的严重性，主动采取措施停止排污，配合环境保护部门做好调查工作，积极整改的意愿比较明显。综合考虑企业排放污染物种类、主观恶性、整改态度等因素，崇川区环境保护局认为采取停产整治及行政处罚措施即可。

崇川区环境保护局以《中华人民共和国环境保护法》第六十条作为法律适用标准，排污者超标排放污染物，县以上环境保护主管部门可以责令停产整治。3月9日，崇川区环境保护局正式对两家企业下达《责令停产整治决定书》。依据《中华人民共和国环境保护法》第六十条和《环境保护主管部门实施限制生产、停产整治办法》第六条第一款第（一）项的规定，责令当事人收到决定后立即停产整治。改正方式包括停止生产、制定整治方案、实施整改。由于两家企业通过规避监管的方式向雨水管排放超标废水，违反了《中华人民共和国水污染防治法》第二十二条第二款规定“禁止私设暗管或通过其他规避监管的方式排放水污染物”，崇川区环境保护局对两家企业的行政处罚正在按照程序推进，企业还需要承受相应的经济处罚。

《责令停产整治决定书》送达后，南通腾和新型建材有限公司已停产，计划搬迁至海安；南通馔玉食品有限公司已停产，正在进行污水管网改造。本案件是南通开出新法实施后首张停产整治罚单，对违法排污“零容忍”与维护公共利益相结合，产生了很好的社会效应。

二、案件涉及的法律问题

（一）违法行为的认定

本案中，南通腾和新型建材有限公司的工作人员将清洗筒子水通过自挖渠道排入沉淀池，沉淀池满后通过雨水管道排入公司西侧河道；南通馔玉食品有限公司的工作人员则是将清洗酱菜的废水排入污水处理设施，经过生化处理排放，通过雨水管道排入任港河。两家企业的环境保护手续都不齐全，都没有申报登记排污状况。由上述可知，企业的排污情况由于人为原因不处于环境保护监管之下，属于《中华人民共和国环境保护法》规定的“通过暗管、渗井、渗坑、灌注或者篡改、伪造监测数据，或者不正常运行防治污染设施等逃避监管的方式违法排放污染物的”行为。南通市崇川区环境保护局通过现场检查、询问并记录，对该违法排污行为做出了正确的认定。

涉案的两家企业排放至城市河道的污水采样检测结果显示，其中污染物含量均超出标准值数倍乃至数十倍，属于超标排放污染物的行为。

（二）处罚措施的适用

涉案的两家企业环境保护手续不齐全，没有申报登记排污状况，以逃避监管的方式排污，且排污量超出污染物排放标准，其行为违反了《中华人民共和国环境保护法》第四十二条、第六十条，《中华人民共和国水污染防治法》第二十二条等条款，从理论上看，只要证据材料确凿充分，针对没有申报登记排污状况的行为，环境保护主管部门可以责令停止排污，补办相关手续；针对以逃避监管的方式排污的行为，可以查封、扣押相关设备设施，将案件移送拘留；针对超标排污行为，可以责令其采取限制生产、停产整治甚至责令停业、关闭；同时，可以对两家企业采取行政处罚。如何选择适用处罚措施，应当全面分析。

按照《环境保护主管部门实施查封、扣押办法》的规定，排污者违法排污“造成或可能造成严重污染的”适用这一办法，但是考虑到本案中南通馔玉食品有限公司的设备主要是切片机、真空包装机、X 线包装机，并不在清洗酱菜产生废水的工序，查封、扣押的合适执法对象缺失即无“造成污染的设备”可查封、扣押，因此不使用查封、扣押的强制手段。

在查处的过程中，企业意识到自身行为的严重性，主动采取措施停止排污，配合环境保护部门做好调查工作，积极整改的意愿比较明显。新法要求对企业环境违法行为打“组合拳”，目的是制止违法排污行为。查封扣押和移送拘留都是非常规的环境保护执法手段，其使用也是有一定条件的，即使是符合条件的情形最终是否适用，关键还要看违法者的整改态度。综合考虑企业排放污染物种类、主观恶性、整改态度等因素，崇川区环境保护局认为采取停产整治及行政处罚措施即可。

崇川区环境保护局以《中华人民共和国环境保护法》第六十条作为法律适用标准，排污者超标排放污染物，县以上环境保护主管部门可以责令停产。3 月 9 日，崇川区环境保护局正式对两家企业下达《责令停产整治决定书》。依据《中华人民共和国环境保护法》第六十条和《环境保护主管部门实施限制生产、停产整治办法》第六条第一款第（一）项的规定，责令当事人收到决定后立即停产整治。改正方式包括停止生产、制定整治方案、实施整改。由于两家企业通过规避监管的方式向雨水管排放超标废水，违反了《中华人民共和国水污染防治法》第二十二条第二款规定“禁止私设暗管或通过其他规避监管的方式排放水污染物”，崇川区环境保护局对两家企业的行政处罚正在按照程序推进，企业还需要承受相应的经济处罚。

《中华人民共和国环境保护法》第四十三条规定，“排放污染物的企业事业单位和其他生产经营者，应当按照国家有关规定缴纳排污费。”本案中，两家排污企业的环境保护手续均不完善，通过私挖管道或雨水管逃避监管排放污水，且排污量超标。环境保护主管部门应当责令其补缴这期间非法排污（未经许可排污）和违法排污（超标排污）行为产生的相应的排污费。但本案企业生产为间歇式的，水量难以测算，所应当补缴的排污费如何计算有待结合更详细的事实做出判断。

三、本案启示

《中华人民共和国环境保护法》赋予环境保护部门充分的执法权限，使环境保护部门能够在第一时间采取控制污染的法律措施。崇川区环境保护局严格按照法律规定进行处理，是查封扣押设备还是停产整治？是否需要移送公安？环境保护人员进行了综合考量。新法要求对企业环境违法行为打“组合拳”，目的是制止违法排污行为。查封扣押和移送拘留都是非常规的环境保护执法手段，其使用也是有一定条件的，即使是符合条件但最终是否适用，关键还要看违法者的整改态度。

云南云翔玻璃有限公司超标排污限产停产案

【案例提供单位】云南省环境监察总队

【案例类型】限产、停产

【案例名称】云南云翔玻璃有限公司超标排污限产停产案

【主要违法行为】超标排放废气

【污染类型】大气污染

【违法企业所属行业】玻璃制造行业

【处罚及执行情况】（一）罚款：对该公司烟气超标排放行为，处以罚款人民币 10 万元；（二）停产：责令 1#250 t/d 优质超薄浮法玻璃生产线停产整治；限产：2#550 t/d 优质浮法玻璃生产线限制生产，实际生产能力不得超过设计能力的 60%，即玻璃日生产量不得超过 330 t，在限制生产整改期间不得超过污染物排放标准，并完成 1#、2#玻璃生产线烟气及二氧化硫治理的整改工作，限制生产期限为 3 个月，自收到《行政处罚决定书》之日起算；（三）责令该公司于 3 月 31 日前到云南省环境保护厅补缴 2014 年度排污费 77.845 7 万元；（四）责令该公司于 8 月 31 日前完成燃料替代及烟气治理设施升级改造的环评手续

目前，该公司 2014 年度排污费 77.8457 万元已补缴，已缴纳 10 万元罚款。

【关键词】大气、超标排放、变更环评手续、限产、停产

一、基本案情与审理过程

按照国家减排核查组对云南云翔玻璃有限公司烟气超标排放、燃气工艺与云南省环境保护厅环评批复不符等问题进行调查处理的要求，云南省环境监察总队于 2015 年 1 月 13 日、1 月 21 日会同曲靖市环境保护局、马龙县环境保护局执法人员对该公司环境违法问题进行现场核实，综合现场检查笔录、调查询问笔录、环境监测报告、视听资料、证人证言等证据材料，发现 2015 年 1 月 1 日至 1 月

21日根据在线监测数据显示，云南云翔玻璃有限公司1#250t/d优质超薄浮法玻璃生产线、2#550 t/d优质浮法玻璃生产线烟气污染物烟尘（颗粒物）、二氧化硫、氮氧化物排放浓度严重超过《平板玻璃工业大气污染物排放标准》（GB 26453—2011）。二氧化硫最高超标49倍，氮氧化物最高超标1.5倍，颗粒物最高超标137倍；云南省环境保护厅环评及批复要求使用焦炉净化煤气作为玻璃生产线燃料，但该公司于2009年建设了煤焦油装置、于2013年5月建设了石油焦工段，并在2014年1月至9月将石油焦和煤焦油作为玻璃窑补充燃料，自2014年9月26日起全部使用石油焦和煤焦油作为燃料，至今未办理燃料变更相关环保手续。

该公司自2014年1月起，擅自变更燃料且未采取相应环境保护措施，导致其玻璃生产线烟气污染物排放浓度长期严重超标；经该市、县政府及环境保护部门查处后，至2015年1月仍未改正其违法行为。

环境保护部门决定制作《行政处罚事先告知书》《行政处罚决定书》，对该公司烟气超标排放行为，处以罚款人民币10万元；在《行政处罚事先告知书》中明确一并告知排污者有关事实、依据及其依法享有的陈述、申辩或者要求举行听证的权利之后，根据《行政处罚决定书》中载明的限制生产、停产整治的内容，责令1#250t/d优质超薄浮法玻璃生产线停产整治，责令2#550t/d优质浮法玻璃生产线限制生产，限制生产期限为3个月，自收到《行政处罚决定书》之日起算，并完成1#、2#玻璃生产线烟气及二氧化硫治理的整改工作，以上整改期间须保留监测记录；责令该公司于3月31日前到云南省环境保护厅补缴2014年度排污费77.845 7万元；责令该公司于8月31日前完成燃料替代及烟气治理设施升级改造的环评手续。目前，该公司2014年度排污费77.845 7万元已补缴，已缴纳10万元罚款。

二、案件涉及的法律问题

（一）主要违法行为的认定

云南省环境监察总队于2015年1月13日、1月21日会同曲靖市环境保护局、马龙县环境保护局执法人员对该公司环境违法问题进行现场核实，发现：

1. 2015年1月1#250 t/d优质超薄浮法玻璃生产线、2#550 t/d优质浮法玻璃生产线烟气污染物排放浓度严重超标。2015年1月1日至21日在线监测数据显示，$1^{\#}$250 t/d 优质超薄浮法玻璃生产线、$2^{\#}$550 t/d 优质浮法玻璃生产线烟气污染物烟尘（颗粒物）、二氧化硫、氮氧化物排放浓度严重超过《平板玻璃工业大气污染物排放标准》（GB 26453—2011）。二氧化硫最高超标 49 倍，氮氧化物最高超标 1.5 倍，颗粒物最高超标 137 倍。

2. 生产工艺部分发生变更，未办理环评手续。云南省环境保护厅环评及批复要求使用焦炉净化煤气作为玻璃生产线燃料，但该公司于 2009 年建设了煤焦油装置、于 2013 年 5 月建设了石油焦工段，并在 2014 年 1 月至 9 月将石油焦和煤焦油作为玻璃窑补充燃料，自 2014 年 9 月 26 日起全部使用石油焦和煤焦油作为燃料，至今未办理燃料变更相关环保手续。

上述行为违反了《中华人民共和国大气污染防治法》第十三条、《中华人民共和国环境影响评价法》第二十七条的规定。

（二）处罚措施的适用

鉴于该公司自 2014 年 1 月起，擅自变更燃料且未采取相应环境保护措施，导致其玻璃生产线烟气污染物排放浓度长期严重超标，且经该市、县政府及环境保护部门查处后，至 2015 年 1 月仍未改正违法行为，且性质恶劣，情节严重，执法部门认为，在《中华人民共和国环境保护法》及其配套法规全面实施之际，有必要对该公司环境违法行为依法依规严厉查处：

第一，根据《中华人民共和国大气污染防治法》第四十八条的规定，对该公司烟气超标排放行为，处以罚款人民币 10 万元（处罚上限）；第二，根据上述同条规定，以及《环境保护主管部门实施限制生产、停产整治办法》第十六条第二款对于整改期间排放标准的具体规定，责令该企业部分生产线停产整治，另限制部分生产线的日产量并责令完成达标整改，限制生产期限为 3 个月，自收到《行政处罚决定书》之日起算；第三，根据《环境保护主管部门实施限制生产、停产整治办法》第十六条第二款的规定，要求该企业保存整改期间的监测记录；第四，根据《中华人民共和国大气污染防治法》第十四条的规定，责令该公司于 3 月 31 日前到云南省环境保护厅补缴 2014 年度排污费 77.845 7 万元；第五，根据《中华人民共和国环境影响评价法》第三十一条第一款“限期补办手续”的规定，责令该公司于 8 月 31 日前完成燃料替代及烟气治理设施升级改造的环评手续。

三、本案启示

在本案中，接到国家减排核查组调查处理的要求后，省、市、县三级环境保护执法机关联合执法，调查取证工作迅速有力，处罚决定全面而有针对性。本案给予环境执法部门的启示有如下四点：

一是执法人员应加强环境保护法规及相关专业知识的学习和交流。深入学习环境保护法规，使自己在执法工作中做到不卑不亢、了如指掌；向身边的每一位环境监察执法人员学习，向每次监察实践学习，对查处的问题进行反思，不断提高业务水平和工作能力。

二是加强环境违法案例和环评资料的分析总结是提高业务水平的途径。仔细阅读相关环境违法案例，认真分析违法企业的违法问题，注意总结相同行业企业违法的共性，也要留意不同的个性。特别到行业企业进行环境监察，遵照检查的内容和程序，不要走马观花，多翻阅各项环评相关资料，特别是环境评价资料，了解企业的工艺和生产过程，深挖污染源，实地查看现场，找到存在问题。

三是加大日常监察和不定期现场检查的力度。在检查中做到“不定时间、不打招呼、直奔现场”，推行“明查与暗查相结合、昼查与夜查相结合、工作日查与节假日查相结合”的检查方式，持续保持执法检查的高压态势。

四是加大对环境违法行为的查处力度。对治污设施不正常运行、超标排污的企业，依法停产整治；对夜间停运污染物处理设施、偷排偷放的企业，依法从重处罚；对不能稳定达标排放的企业一律依法停产、限产。同时，加强与司法部门的衔接配合，严厉打击环境犯罪。

肇庆市锦田纺织有限公司
超标排污限制生产与按日连续处罚案

【案例提供单位】广东省环境保护厅

【案例类型】限制生产

【案例名称】肇庆市锦田纺织有限公司超标排污限制生产与按日连续处罚案

【主要违法行为】超标排污

【污染类型】大气污染

【违法企业所属行业】纺织行业

【处罚及执行情况】肇庆市锦田纺织有限公司超标排污被责令改正并处以 1.5 万元罚款。肇庆市环境保护局复查时该公司仍未改正，该环境保护局处以按日连续处罚并责令限制生产，提出具体整改要求

【关键词】大气、超标、按日连续处罚、限制生产

一、基本案情与审理过程

2015 年 3 月 15 日肇庆市锦田纺织有限公司型号为 YLW-7000MA 有机热载锅炉废气排放口排放的烟尘浓度、氮氧化物浓度和二氧化硫浓度均超标，肇庆市环境保护局依法对该公司做出责令改正违法行为的行政命令和处罚款 1.5 万元的行政处罚决定。

2015 年 4 月 14 日，肇庆市环境保护局对该公司进行复查，发现该公司型号为 YLW-7000MA 有机热载锅炉废气排放二氧化硫折算后排放浓度为 429 mg/m^3，超标 0.43 倍；烟尘折算后排放浓度为 342.9 mg/m^3，超标 3.29 倍；氮氧化物折算后排放浓度 394 mg/m^3，超标 0.97 倍，即存在被责令改正仍拒不改正违法排放污染物的行为。

根据《中华人民共和国环境保护法》第五十九条、第六十条，《环境保护主

管部门实施按日连续处罚办法》（环境保护部令第 28 号）第五条、第十九条，《环境保护主管部门实施限制生产、停产整治办法》（环境保护部令第 30 号）第五条的规定，肇庆市环境保护局于 2015 年 5 月 11 日向肇庆市锦田纺织有限公司送达了《行政处罚和限制生产听证告知书》（肇环听告字[2015]7 号）。2015 年 5 月 26 日依法向该公司送达了《行政处罚决定书》（肇环罚字[2015]24 号），对该公司做出以下行政处罚：一是责令该公司自收到本决定书之日起 3 个月内实施限制生产，减少污染物排放量。整改方式包括：① 收到决定书后应立即整改，在 15 个工作日内将整改方案报肇庆市环境保护局备案并向社会公开。整改方案应当确定整改措施、工程进度、资金保障和责任人员等事项。② 限制生产期间应委托有条件的环境监测机构每月开展一次监测，并保存监测记录。③ 3 个月内完成整改；整改完成后，应在 15 个工作日内将整改完成情况和整改信息向社会公开，并报肇庆市环境保护局备案，同时提交监测报告及整改期间的用电量、主要产品产量与整改前的对比情况等材料。二是对该公司的环境违法行为实施按日计罚。计罚时间从《责令改正违法行为决定书》（肇环违改字[2015]15 号）送达之日的次日（2015 年 3 月 24 日）起至肇庆市环境保护局复查进行环境监测发现该公司仍然未改正超标排放的违法行为之日（2015 年 4 月 14 日）止共 22 天，共罚款人民币 33 万元。

二、案件涉及的法律问题

（一）本案中环境违法行为分析

肇庆市锦田纺织有限公司超标排污，根据《中华人民共和国水污染防治法》第七十四条的规定“违反本法规定，排放水污染物超过国家或者地方规定的水污染物排放标准，或者超过重点水污染物排放总量控制指标的，由县级以上人民政府环境保护主管部门按照权限责令限期治理，处应缴纳排污费数额二倍以上五倍以下的罚款。”肇庆市环境保护局有权做出责令改正与罚款的决定。

而在肇庆市环境保护局进行复查时，该公司排污仍处于超标状态，属于“拒不改正”的情形，符合《中华人民共和国环境保护法》第五十九条的规定，实施按日连续处罚必须具备 4 个条件：企业事业单位和其他生产经营者违法排放污染物、受到罚款处罚、被责令改正、拒不改正。即本案中该公司超标排污这一行为是《环境保护主管部门实施按日连续处罚办法》第五条明确规定“超过国家或者地方规定的污染物排放标准”的违法排污行为，且该公司因超标排污行为受到罚款处罚，并被责令改正，而在肇庆市环境保护局对其整改情况进行复查时该公司拒不整改超标违法行为，符合处以按日连续处罚的实体要件，故肇庆市环境保护局启动了按日连续处罚的程序。

另外，该公司超标排污行为还违反《中华人民共和国环境保护法》第六十条规定，“企业事业单位和其他生产经营者超过污染物排放标准或者超过重点污染物排放总量控制指标排放污染物的，县级以上人民政府环境保护主管部门可以责令其采取限制生产、停产整治等措施；情节严重的，报经有批准权的人民政府批准，责令停业、关闭。”该公司在复查时仍被发现超标排污，故肇庆市环境保护局要求其限制生产。

由此可见，本案中，针对该公司超标排污拒不改正的行为，故肇庆市环境保护局对其启动按日连续处罚，而在复查时发现其仍有超标排污的行为，故责令其限制生产。表面上看是同一违法行为进行了两次行政处罚，违反了一事不再罚的原则。然而分析可知，按日连续处罚是针对环境保护局首次发现该公司超标排污拒不改正的行为，而责令限制生产时针对环境保护局复查时的超标排污行为，并非“再罚”。且根据《中华人民共和国环境保护法》的规定，在符合按日连续处罚适用条件的环境违法行为中，有些违法行为可以同时使用责令排污者限制生产、停产整治或查封扣押等措施。对此，《环境保护主管部门实施按日连续处罚办法》专门对按日连续处罚制度与其他环保制度的并用关系进行了说明。《环境保护主管部门实施按日连续处罚办法》第二十条规定：“环境保护主管部门针对违法排放污染物行为实施按日连续处罚的，可以同时适用责令排污者限制生产、停产整治或者查封、扣押等措施；因采取上述措施使排污者停止违法排污行为的，不再实施按日连续处罚。”

（二）限制生产、停产整治的监管

为使限制生产、停产整治落实到位，加大对排污者履行限制生产、停产整治决定的监督力度，《环境保护主管部门实施限制生产、停产整治办法》第十九条与第二十条从两个方面加以保障。

首先是后督查。《环境保护主管部门实施限制生产、停产整治办法》第十九条“排污者被责令限制生产、停产整治后，环境保护主管部门应当按照相关规定对排污者履行限制生产、停产整治措施的情况实施后督察，并依法进行处理或者处罚。”在该《办法》出台前，环境保护部出台《环境行政执法后督查办法》中明确了环境保护主管部门应当在下达行政处罚决定或行政命令后组织实施后督察的时限、程序和方法，环境保护部门在进行后督察时应遵守《环境行政执法后督查办法》的规定，依法进行后督察。

其次是跟踪检查。《环境保护主管部门实施限制生产、停产整治办法》第二十条“排污者解除限制生产、停产整治后，环境保护主管部门应当在解除之日起三十日内对排污者进行跟踪检查。”环境保护部门进行跟踪检查时发现相对人仍有超标、超总量排污行为的，可根据《环境保护主管部门实施限制生产、停产整治办法》再次启动限制生产。停产整治程序或报经政府停业关闭，并依法处罚或处理，督促其达标及符合总量控制要求排污。

本案中，肇庆市环境保护局在责令该公司停止生产、停产整治的处罚决定中明确了该公司整改的方式，即责令该公司自收到本决定书之日起 3 个月内实施限制生产，减少污染物排放量。整改方式包括：

1. 收到决定书后应立即整改，在 15 个工作日内将整改方案报肇庆市环境保护局备案并向社会公开。整改方案应当确定整改措施、工程进度、资金保障和责任人员等事项。

2. 限制生产期间应委托有条件的环境监测机构每月开展一次监测，并保存监测记录。

3. 3 个月内完成整改；整改完成后，应在 15 个工作日内将整改完成情况和整改信息向社会公开，并报肇庆市环境保护局备案，同时提交监测报告及整改期间的用电量、主要产品产量与整改前的对比情况等材料。肇庆市环境保护局明确了这 3 项整改内容，为该企业进行整改提供了整改思路，使其能够更加高效率地进行整改。而在明确整改内容之后，还需要环境保护部门依据《环境保护主管部门实施限制生产、停产整治办法》第十九条、第二十条的规定对排污者进行后续监管，确保其按要求进行整改。

三、本案启示

为了打击环境违法行为，环境保护部门打出“组合拳”，严控环境污染。而在环境保护部门行政执法时，不仅需要环境保护部门明确行政命令、行政处罚的内容，还需要环境保护部门对企业的整改行为进行指导，更需要环境保护部门的后续监管来确保执法手段效果的实现。长久以来低违法成本带来的经济利益驱使排污者难以立即改正其环境违法行为，强力的环境行政处罚恐怕难以有效立即督促排污者改正其行为，因此，环境保护部门的引导和后续监管就显得更加重要。打击违法行为并非单纯打出重拳、打出“组合拳”，还需要重拳后的引导性治疗与疗效的监控，需要环境保护部门在整治环境违法活动中全过程的引导、参与和监管。

辽宁省辽阳市食品有限公司小屯屠宰厂利用渗坑超标排污停产整治、行政拘留罚案

【案例提供单位】辽宁省环境监察总队

【案例类型】“组合拳”

【案例名称】辽宁省辽阳市食品有限公司小屯屠宰厂利用渗坑超标排污停产整治、行政拘留罚案

【主要违法行为】利用渗坑排污

【污染类型】水污染

【违法企业所属行业】加工业

【处罚及执行情况】辽宁省辽阳市食品有限公司小屯屠宰厂利用渗坑直接排放屠宰生猪产生的废水，被罚款5万元，并被令立即停产整治，采取有效措施进行治理。辽阳市环境保护局就辽阳市食品有限公司小屯屠宰厂利用渗坑排放废水污染物一案向辽阳市公安局移送，辽阳市公安局当场受理。该公司法人吴某被行政拘留5日

【关键词】水、渗坑、停产整治、行政拘留

一、基本案情与审理过程

2015年1月28日，辽宁省环境保护厅与辽阳市环境监察局对辽阳市食品有限公司小屯屠宰厂进行现场监察，发现该屠宰厂利用渗坑直接排放屠宰生猪产生的废水。

经查，辽阳市食品有限公司小屯屠宰厂2001年建成并投产。生产经营范围为生猪、骡、马、犬、驴等牲畜屠宰，生产设备有锅炉、褪毛池、吊挂等，每天宰杀猪18头左右。现场检查发现该企业没有污水处理设施，利用渗坑直接排放屠宰产生的废水。辽阳市环境保护局环境执法人员当场对其排放的废水进行采样，辽

阳市环境监测站对该屠宰厂废水进行检测，废水中COD及氨氮均超标。

辽阳市环境保护局于2015年1月28日对该屠宰厂进行立案调查，于2015年2月26日对该屠宰厂做出罚款5万元的行政处罚，同时责令立即停止生产，采取有效措施进行治理，在治理完成前禁止生产。

2015年2月27日，辽阳市环境保护局就辽阳市食品有限公司小屯屠宰厂利用渗坑排放废水污染物一案，根据《行政主管部门移送适用行政拘留环境违法案件暂行办法》的规定，向辽阳市公安局移送，辽阳市公安局当场受理。辽阳市拘留所于2015年3月9日依法对辽阳市食品有限公司小屯屠宰厂法人吴某进行行政拘留，执行期限为5日。现已执行完毕。

二、案件涉及的法律问题

（一）违法行为的认定

本案中辽宁省辽阳市食品有限公司小屯屠宰厂利用渗坑直接排放屠宰生猪产生的废水的行为违反《中华人民共和国水污染防治法》第三十五条“禁止利用渗井、渗坑、裂隙和溶洞排放、倾倒含有毒污染物的废水、含病原体的污水和其他废弃物”的规定。

依据《中华人民共和国水污染防治法》第七十六条的规定，环境保护部门可以对该企业进行罚款、责令停止违法行为并限期治理。依据《中华人民共和国环境保护法》第六十条的规定，“县级以上人民政府环境保护主管部门可以责令其采取限制生产、停产整治等措施；情节严重的，报经有批准权的人民政府批准，责令停业、关闭。”

由于《中华人民共和国水污染防治法》等单行污染防治法尚未修订，其中对限期治理制度的条件、决定机关、超过限期治理期限的处罚等规定不一致，需要专门的配套制度来规范限制生产、停产整治制度的执行。故在本案中该企业行为既违反《中华人民共和国水污染防治法》可以被责令限期治理，又违反《中华人民共和国环境保护法》可以被责令限制生产、停产整治的情形下，可以依据新法优于旧法的原则，以《中华人民共和国环境保护法》第七十六条以及《环境保护主管部门实施限制生产、停产整治办法》第六条第（一）项的规定，“（一）通过暗管、渗井、渗坑、灌注或者篡改、伪造监测数据，或者不正常运行防治污染设施等逃避监管的方式排放污染物，超过污染物排放标准的”为依据，由环境保护主管部门责令其采取停产整治措施。

另外，本案中该公司利用渗坑排放废水的行为还违反《中华人民共和国环境保护法》第六十三条第（三）项的规定，“通过暗管、渗井、渗坑、灌注或者篡改、伪造监测数据，或者不正常运行防治污染设施等逃避监管的方式违法排放污染物的”“县级以上人民政府环境保护主管部门或者其他有关部门将案件移送公安机关，对其直接负责的主管人员和其他直接责任人员，处十日以上十五日以下拘留；情节较轻的，处五日以上十日以下拘留。”而本案中的排放废水的渗坑，即是《行政主管部门移送适用行政拘留环境违法案件暂行办法》第五条第（三）款的解释的“渗井、渗坑是指无防渗漏措施或起不到防渗作用的、封闭或半封闭的坑、池、塘、井和沟、渠等”。因此，本案中环境保护部门应当将案件移送公安机关，由公安机关对该公司直接负责的主管人员和其他直接责任人员进行行政拘留。

（二）合理自由裁量

责令排污者限制生产、停产整治与责令改正环境违法行为的行政命令、行政处罚三者都是环境保护部门对超标排放污染物或超重点污染物排放总量控制指标排放污染物这类环境违法行为采取的行政管理措施，可以并行实施，不相互排斥，也不能相互替代。各级环境保护部门在执法时应当处理好这三者之间的关系。责令改正和实施行政处罚是对环境违法行为所必须采取的措施，而责令限制生产、停产整治则需要根据法律法规和实际情况进行合理自由裁量，在执法实践中灵活运用。

三、本案启示

随着经济社会发展，环境保护意识的增强，各级环境保护部门环境监管的压力也越来越大。对于一些长期存在超标排污等环境违法行为的排污者，环境保护部门利用单一的责令限期改正行政执法手段，已无法督促其有效整改，需要进一步责令其通过限制生产或停产整治的方式，综合运用罚款、责令改正、责令停产整治以及行政拘留等合法手段，迫使排污者自行整改，制定有针对性的整治方案，优化治污工艺或设备，从根本上解决超标、超总量排污的问题。

福建南平水泥股份有限公司超标排污限产案

【案例提供单位】福建省南平市环境监察支队

【案例类型】限制生产

【案例名称】福建南平水泥股份有限公司超标排污限产案

【主要违法行为】超标排放废气

【污染类型】大气污染

【违法企业所属行业】水泥制造行业

【处罚及执行情况】(一)罚款:对该公司2015年3月27日颗粒物超标排放行为,处以罚款人民币4万元;(二)限产:责令现有1条水泥粉磨生产线限制生产,即停止现有两台磨机中一台的运行,在限制生产整改期间不得超过污染物排放标准排放污染物,并完善废气处理设施,以确保做到污染物稳定达标排放,限制生产期限为3个月,即从2015年6月1日至8月31日

【关键词】大气、超标排放、限产

一、基本案情与审理过程

2015年3月以来,南平市环境保护局接到群众投诉反映福建南平水泥股份有限公司粉尘污染问题。2015年3月27日,执法人员对该企业进行现场检查,并对该企业颗粒物进行现场监测,综合现场检查笔录、调查询问笔录、环境监测报告、音像资料等证据材料,发现:

福建南平水泥股份有限公司目前运行1条水泥粉磨生产线生产水泥,熟料等生产原料全部外购,年设计产能60万t。该条生产线有2台磨机,分别在磨尾、库顶、包装出口安装了除尘器,总共安装了6台除尘器。2015年3月27日,执法人员现场检查时,该企业1条生产线正常生产,经现场监测,该企业5个废气排放口颗粒物超过了福建省规定的排放标准[该企业废气执行《福建省水泥工业大

气污染物排放标准》（DB 35/1311—2013）中表 2 的排放标准，颗粒物≤20 mg/m^3]，分别为库顶除尘 1 号出口颗粒物浓度 24.8 mg/m^3，超标 0.24 倍；库顶除尘 2 号出口颗粒物浓度 22 mg/m^3，超标 0.1 倍；包装除尘 2 号出口颗粒物浓度 22.9 mg/m^3，超标 0.15 倍；磨尾除尘 1 号出口颗粒物浓度 36.1 mg/m^3，超标 0.81 倍；磨尾除尘 2 号出口颗粒物浓度 28.1 mg/m^3，超标 0.41 倍。

该市环境保护局在取得监测报告的 2015 年 4 月 13 日对该公司进行立案调查，于 2015 年 5 月 20 日对该公司下达《责令限制生产事先（听证）告知书》，该公司在法定期限内未提出陈述申辩，2015 年 5 月 28 日对该公司下达《责令限制生产决定书》，责令该公司限制生产 3 个月，即从 2015 年 6 月 1 日至 8 月 31 日停止现有两台磨机中一台的运行，在 8 月 31 日前完善废气处理设施，以确保做到污染物稳定达标排放，以上整改治理期间须保留监测记录。该市环境保护局于 2015 年 7 月 2 日对该企业做出罚款 4 万元的行政处罚。

二、案件涉及的法律问题

（一）主要违法行为的认定

南平市环境监察支队执法人员 2015 年 3 月 27 日会同南平市环境监测站人员对该公司环境违法问题进行现场核实，发现：

经监测，2015 年 3 月 27 日该公司水泥粉磨生产线废气排放口颗粒物污染物排放浓度超标。根据南平市环境监测站出具的监测数据[南环监（2015）气字第 26 号]显示，该企业 5 个废气排放口颗粒物超过了福建省规定的排放标准[该企业废气执行《福建省水泥工业大气污染物排放标准》（DB 35/1311—2013）中表 2 的排放标准，颗粒物≤20 mg/m^3]。颗粒物最高超标 0.81 倍。上述行为违反了《中华人民共和国大气污染防治法》第十三条之规定。

（二）处罚措施的适用

鉴于该公司因粉尘颗粒物排放污染问题被群众反复投诉，影响恶劣，为有效解决该公司粉尘污染问题，执法部门认为，在《中华人民共和国环境保护法》及其配套法规全面实施之际，有必要对该公司环境违法行为依法依规严厉查处：① 根据《中华人民共和国大气污染防治法》第四十八条的规定，对该公司颗粒物超标排放行为，处以罚款人民币 4 万元；② 根据上述同条规定，以及《环境保护主管部门实施限制生产、停产整治办法》第十六条第二款对于整改期间排放标准的具体规定，责令该企业停止 2 台磨机中的 1 台的生产用于限制生产线的日产量并责令完成达标整改，限制生产期限为 3 个月，即从 2015 年 6 月 1 日至 8 月 31 日；③ 根据《环境保护主管部门实施限制生产、停产整治办法》第十六条第二款的规定，要求该企业保存整改期间的监测记录。

三、本案启示

《中华人民共和国环境保护法》第六十条规定了环境保护主管部门对超标超总量排污的企业事业单位和其他生产经营者可以责令限制生产、停产整治，这是赋予环境保护部门通过直接限制甚至停止排污者生产行为、督促其完成污染整治任务的强力执法手段。限制生产、停产整治决定作为一种行政决定，主要通过限制生产或者责令停产的形式让企业实施整改，其主要执行方式是限制生产或停产。对于其环境违法行为的纠正，同时环境保护部门依然应当及时下达责令改正的行政命令，并且在排污者构成违法行为时，依法进行行政处罚，这就更有利于加大对环境违法行为的打击力度。

第四部分

移送公安机关行政拘留

浙江华昌纺织有限公司（海宁）私设暗管超标排放水污染物移送行政拘留的案

【案例提供单位】浙江省海宁市环境保护局

【案例类型】移送行政拘留

【案例名称】浙江华昌纺织有限公司（海宁）私设暗管超标排放水污染物移送行政拘留的案

【主要违法行为】华昌公司私设暗管向污水管网超标排放印染废水

【污染类型】水污染

【违法企业所属行业】纺织染整工业

【处罚及执行情况】2015 年 4 月 1 日晚 23 时左右，浙江省海宁市环境保护局环保 110 值班人员接到群众举报，反映海宁市马桥经编园区的浙江华昌纺织有限公司（以下简称华昌公司）厂区外污水入网口窨井内有红色浑浊污水正在排放。执法人员立即赶赴现场调查，经查：华昌公司于 2013 年 10 月在厂内污水管道上私自焊接铁管，并设置可控阀门，绕过污水处理设施直接连接至园区污水管网。4 月 1 日晚，华昌公司污水站污水操作工将抽排调节池废水至水膜除尘的水泵开启，通过阀门的开关，将调节池内废水未经处理，绕过流量计和在线监控直接排入园区污水管网。厂区外污水入网口窨井内所排废水的采样监测结果中 COD_{Cr}：1 370 mg/L，超过《纺织染整工业水污染物排放标准》（GB 4287—2012）表 2 中 COD_{Cr}：200 mg/L 的间接排放标准。依据《中华人民共和国环境保护法》第四十二条第四款、《中华人民共和国水污染防治法》第二十二条第二款，海宁市环境保护局对企业私设暗管、超标排放污染物的违法行为进行立案调查，同时根据《环境保护主管部门实施查封、扣押办法》和《环境保护主管部门实施限制生产、停产整治办法》，对企业染色车间染色设备及配套电箱实施了查封，并要求企业停产整治。在做出罚款 10 万元的行政处罚后，海宁市环境保护局依据《行政主管部门移送适用行政拘留环境违法案件暂行办法》（以下简称暂行办法）第五条将案件移送公安机关，海宁市公安局对涉案人员（共 4 名）依法做出行政拘留 5～12 天不

等的处理决定

【关键词】私设暗管、废水超标、综合惩处（罚款、查封、停产整治）

一、基本案情与查处过程

（一）现场调查，搜集证据

现场检查时浙江华昌纺织有限公司（海宁）（以下简称华昌公司）污水处理设施正在运行，厂内污水入网口未排水，但厂区外的入网口终端正在排放红色浑浊污水，且水量较大。经进一步检查时发现，华昌公司碱减量废水排至水膜除尘的管道和调节池废水用于水膜除尘的管道相连，但华昌公司在碱减量废水排至水膜除尘的管道上私自焊接了铁管，并设置了可控阀门，直接连接至园区污水管网。4月1日夜间，华昌公司污水站污水操作工（张某）将抽排调节池废水至水膜除尘的水泵开启，通过阀门的开关，将调节池内废水未经处理，绕过流量计和在线监控直接排入园区污水管网。执法人员现场取证、制作勘验笔录，并对厂区外污水入网口窨井内所排红色浑浊污水采样，监测结果显示 COD_{Cr} 严重超标。

为了防止污水站操作人员和该公司环境保护管理人员之间互相串供，海宁市环境保护局于4月2日凌晨立即调集精干执法人员赶赴华昌公司，第一时间对污水操作工、环境保护管理人员和企业负责人开展调查询问。经调查得知，企业早在2013年10月（印染行业整治期间），为了控制水污染物总量排放，防止总量超标，企业环境保护负责人（蒋某）联合污水处理站3名污水操作工（张某、戚某、许某）利用行业整治期间剩余材料（钢管、电焊设备等）在厂区污水管道（碱减量废水排至水膜除尘的管道和调节池废水用于水膜除尘的管道）和园区污水管网之间设置了污水排放暗管。截至案发之日，企业承认曾多次利用该私设的暗管，将生产过程中产生的未经处理的污水直接排入园区污水管网。

（二）综合惩处，处置及时

经过前期的调查取证，海宁市环境保护局对华昌公司私设暗管超标排放水污染物的环境违法行为进行了立案查处，罚款10万元；同时根据《环境保护主管部门实施查封、扣押办法》第四条第（四）项和《环境保护主管部门实施限制生产、停产整治办法》第六条第（一）项规定，于4月2日对该企业染色车间染色设备及配套电箱实施了查封，并拟责令企业于4月2日起实施停产整治（决定书4月16日送达）。改正方式包括：① 立即拆除暗管，对厂区内雨污管道进行全面清查，拆除多余管道，对雨污管道走向进行标识；② 因企业于2013年10月始，私设暗管偷排高浓度废水，暗管拆除后，对于污水实际产生量与污水设施处理能力是否相匹配，污水是否超总量须递交相关证明材料；③ 加强污染物处理设施的运行管理，确保正常使用，废气、污水稳定达标排放。4月24日，经现场核查，企业已按要求完成整改，海宁市环境保护局对企业查封的设备予以解封，对企业停产整治任务完成情况报告予以备案。

（三）移送公安，行政拘留

在行政处罚决定做出后，海宁市环境保护局依据《中华人民共和国环境保护法》第六十三条第（三）项和《行政主管部门移送适用行政拘留环境违法案件暂行办法》第五条之规定，将此案移送海宁市公安局作进一步处理。移交的材料主要包括案件移送材料清单、行政拘留处罚案件移送书及整套行政处罚案卷材料原件，如现场勘查笔录、现场勘查照片、调查询问笔录、废水采样记录及检测报告、行政处罚听证告知书、行政处罚决定文书等。随后，海宁市公安局依法对蒋某、张某、戚某、许某4名当事人的环境违法行为进行了调查，并于2015年5月27日和6月11日分别对上述4人依法做出行政拘留决定，其中蒋某12天；戚某10天；张某10天；许某5天。

二、案件涉及的法律问题

（一）暗管的认定及排污证据的固定是适用法则的必要条件

根据《中华人民共和国环境保护法》第四十二条第四款“严禁通过暗管、渗井、渗坑、灌注或者篡改、伪造监测数据，或者不正常运行防治污染设施等逃避监管的方式违法排放污染物”和第六十三条第（三）项规定，此案件要适用行政拘留必须具备2个条件：暗管、排污。

一是如何认定暗管。根据《行政主管部门移送适用行政拘留环境违法案件暂行办法》第五条第二款规定，“暗管是指通过隐蔽的方式达到规避监管目的而设置的排污管道，包括埋入地下的水泥管、瓷管、塑料管等，以及地上的临时排污管道。”本案中该企业为了逃避监管私自设置了管道，埋在地下，很隐蔽而且直接连接到厂外污水入网口，绕开了污水流量计和在线监控，没有经过法定排放口排放污染物。所以对于暗管的认定毋庸置疑。

二是如何认定排污。关键在于现场勘察、污水采样和检测报告。针对污水偷排案件，执法人员接到举报后需要立即赶赴现场，首先按规范采样，同时通过摄像、拍照等手段固定证据，如果企业负责人（或现场管理员）在场的话一定要同步拍摄进去。采完水样后再对现场进行全面勘察，查清污水的来源及管道走向，制作勘察笔录，由企业负责人签字确认，同时将采集的水样送监测机构检测分析并出具检测报告。掌握了这些证据即可认定企业的排污行为。

（二）行政处罚决定做出后移送公安机关可能影响行政拘留的处罚效果

《行政主管部门移送适用行政拘留环境违法案件暂行办法》第二条规定“本办法适用于县级以上环境保护主管部门或者其他负有环境保护监督管理职责的部门办理尚不构成犯罪，依法做出行政处罚决定后，仍需要移送公安机关处以行政拘留的案件”。根据这一规定，环境保护部门必须做出处罚决定后才能将案件移送公安机关，如果这一前置条件在企业相关人员逃逸的情况下，因为公安机关无法像刑事犯一样列入网上追逃，所以极易造成行政拘留无法拘留到人。如2015年查处的海宁八方水洗有限公司私设暗管偷排污水案，该案件在行政处罚决定做出后被移送公安机关时，相关涉案人员已辞职潜逃，至今未归案。为解决这一问题，建议公安部和环境保护部明确，环境保护部门在做出责令改正违法行为决定书后即刻移送适用《行政主管部门移送适用行政拘留环境违法案件暂行办法》的案件，同时，建议在事实清楚、证据确凿的情况下公安可以提前介入，对相关人员进行行政拘留，以提高查处和震慑效果。

三、案件启示

一是完善方法手段，提升执法效能。《中华人民共和国环境保护法》实施后，像私设暗管违法排污这类案件可以采取按日连续处罚、查封、停产整治和行政拘留等一系列措施，不仅执法的手段多样化，执法的效率也得到大幅度提升，以往“守法成本高、违法成本低”的不正常现象也得以逐步扭转。《中华人民共和国环境保护法》为环境保护部门提供了一把斩污利剑，我们更要善于运用，让它真正发挥威力。

从本案来看，各项措施的联合使用，确有其效。① 突出一个“快”字，以往此类案件若通过提请县级以上地方人民政府责令停产整顿，不仅手续繁琐而且进度缓慢，现在经环境保护部门负责人批准，可以当场实施查封，违法排污行为即刻停止；② 突出一个“重”字，以往私设暗管的案件最多只能罚款 10 万元，现在拒不改正可以按日计罚上不封顶，且在实施查封后因停产产生的间接损失更大；③ 突出一个“严”字，以往没有限制人身自由的行政强制措施来约束环境违法者，现在可以移送公安机关行政拘留，很多人就不敢冒险以身试法，大大提高了环境违法的打击和威慑力度。

二是规范执法行为，提升业务水平。《中华人民共和国环境保护法》赋予了环境保护部门按日计罚、查封扣押、限产停产等一系列的手段办法，我们环境执法人员必须要严格执行，依法行政，适应新的方式方法，全面规范执法行为，努力提高业务水平，使每件案件都办得漂亮，避免败诉等现象的发生。

加强培训，熟悉理论知识。经常开展法律法规知识培训、案例分析、理论考试等，提高执法人员理论知识水平。可以邀请公安、检察院等同志前来授课，听取他们对办理环境保护案件的思路和要求。

开展比武，提升业务技能。每年开展大比武活动，通过各中队间大比武活动，加强交流，相互学习探讨，比学赶超，全面提升执法水平。

加强执法联动，形成打击合力。执法联动工作做得好与坏，是能否成功打击环境违法或环境污染犯罪的关键。早在 2012 年 6 月，海宁市公安局驻环境保护局联络室设立，公安、环境保护联动工作顺利启动。随后出台了《海宁市环保公安部门环境执法联动协作机制意见》、《关于进一步完善海宁市打击环境违法犯罪协作机制的意见》（环保、公安、检察、法院 4 部门联合发文）等一系列规范性文件，不仅明确了各部门的职责分工，并且从深化联合执法机制、健全信息共享机制、规范案件移送机制、实行工作例会制度、建立案件会商制度、建立定期通报制度、建立提前介入制度 7 方面做出了严格要求。在亲身实践和不断摸索前进的过程中，我们深刻领会到做好环境行政处罚和刑事司法的无缝对接，才能确保环境违法犯罪案件的顺利办理，才能严惩恶意排污的违法行径，最终维护群众环境权益，保障环境安全。

海宁市环境保护局责令改正违法行为决定书

海环责改〔2015〕×××

当事人名称或姓名：×××

营业执照注册号：×××

组织机构代码：×××

地址：×××

法定代表人（负责人）：×××

经查：2015年4月2日凌晨，我局环保110接举报，你公司厂区外的污水入网窨井内有红色浑浊污水在排，执法人员即赴现场调查，检查发现：你公司污水处理设施正在运行，污水入网口未排水，但你公司厂区外的污水最终入网口正在排放红色浑浊的污水，水量较大；经进一步检查发现，你公司碱减量废水排至水膜除尘的管道和调节池废水用于水膜除尘的管道相连，你公司在碱减量废水排至水膜除尘的管道上私自焊接了铁管，并设可控阀门，直接连接至污水管网；4月2日凌晨，你公司污水操作工将抽调节池废水至水膜除尘的水泵开启，通过阀门的开关，将调节池内废水未经处理，绕过流量计和在线监控直接排入污水管网。现场对你公司厂区外污水入网窨井内在排的红色浑浊污水进行采样，经检测，废水中COD_{Cr}：1370mg/L，超过《纺织染整工业水污染物排放标准》（GB4287-2012）表2中COD_{Cr}：200mg/L的间接排放标准，现场检查制作了现场勘察笔录并拍照取证。你公司的上述行为已构成通过暗管违法排放水污染物的环境违法行为。

以上事实，有现场勘察笔录、现场勘察照片、调查询问笔录、视频录音、检测报告等证据为证。

上述行为违反了《中华人民共和国环境保护法》第四十二条第四款、《中华人民共和国水污染防治法》第二十二条第二款之规定。

根据《中华人民共和国行政处罚法》第二十三条和《中华人民共和国水污染防治法》第七十五条第二款之规定，责令你单位立即改正上述违法行为：1. 立即拆除暗管，对厂区内雨污管道进行全面清查，拆除多余管道；2. 对污水处理设施处的管道进行标识；3. 加强污水处理设施的运行管理，确保正常使用，污水稳定达标入网。

如你（单位）拒不改正上述环境违法行为，我局将按照《中华人民共和国环境保护法》第五十九条的规定，对你（单位）实施按日连续处罚。

如对本决定不服，可在收到本决定书之日起六十日内向嘉兴市环境保护局或者海宁市人民政府申请行政复议，或在三个月内向海宁市人民法院提起行政诉讼。

海宁市环境保护局

2015年4月2日

海宁市环境保护局行政拘留处罚案件移送书

<table>
<tr><td>案　由</td><td colspan="4">私设暗管排放污染物</td></tr>
<tr><td>企业名称</td><td colspan="2">×××</td><td>组织机构代码</td><td>×××</td></tr>
<tr><td>地　址</td><td colspan="2">海宁市×××</td><td>邮政编码</td><td>×××</td></tr>
<tr><td rowspan="3">法　定
代表人</td><td rowspan="3">×××</td><td>有效证件</td><td colspan="2">身份证</td></tr>
<tr><td>证件号</td><td colspan="2">×××</td></tr>
<tr><td>联系电话</td><td colspan="2">×××</td></tr>
<tr><td>调查人员</td><td colspan="2">×××</td><td>承办
部门</td><td>马桥分局</td></tr>
<tr><td>案情简介</td><td colspan="4">2015年4月2日凌晨，我局环保110接举报，浙江华昌纺织有限公司厂区外的污水入网窨井内有红色浑浊污水在排，执法人员即赴现场调查，检查发现：该公司污水处理设施正在运行，污水入网口未排水，但公司厂区外的污水最终入网口正在排放红色浑浊的污水，水量较大；经进一步检查发现，该公司碱减量废水排至水膜除尘的管道和调节池废水用于水膜除尘的管道相连，该公司在碱减量废水打至水膜除尘的管道上私自焊接了铁管，并设可控阀门，直接连接至污水管网；4月2日凌晨，该公司污水操作工将抽调节池废水至水膜除尘的水泵开启，通过阀门的开关，将调节池内废水未经处理，绕过流量计和在线监控直接排入污水管网。现场对厂区外污水入网窨井内在排的红色浑浊污水进行采样，经检测，废水中 COD_{Cr}：1370mg/L，超过《纺织染整工业水污染物排放标准》(GB4287-2012)中表2中 COD_{Cr}：200mg/L的间接排放标准，现场检查制作了现场勘察笔录并拍照取证。该公司此行为已违反了《中华人民共和国环境保护法》第四十二条第四款及《中华人民共和国水污染防治法》第二十二条第二款的规定，属于私设暗管排放污染物。我局责令其当场拆除暗管，并于2015年4月2日对该公司私设暗管的行为予以立案调查，于4月29日作出了罚款人民币 10 万元整的行政处罚决定，并于2015年4月29日送达处罚决定书。</td></tr>
<tr><td>移送依据</td><td colspan="4">《中华人民共和国环境保护法》第六十三条第（三）项；
公安部、环境保护部、农业部《行政主管部门移送适用行政拘留环境违法案件暂行办法》第五条。</td></tr>
<tr><td>移送建议</td><td colspan="4">根据公安部、环境保护部、农业部“关于印发《行政主管部门移送适用行政拘留环境违法案件暂行办法》的通知（公治[2014]853号）”第五条的相关规定，经局案件审查小组讨论决定：浙江华昌纺织有限公司通过暗管排放污染物的行为事实清楚，证据确凿，符合移送条件，建议移交公安部门做进一步处理。</td></tr>
<tr><td colspan="5">经办人（执法证号）：×××
×××
2015年4月2日
海宁市环境保护局</td></tr>
</table>

海宁市环境保护局
行 政 处 罚 决 定 书

海环罚字[2015]26号

浙江华昌纺织有限公司：

法定代表人：×××

营业执照注册号：×××

组织机构代码证：×××

地址：×××

我局于2015年4月2日对你单位私设暗管的行为予以立案调查。现已查明：2015年4月1日晚，我局执法人员对你单位进行现场检查，发现你单位厂区外污水入网窨井内有红色浑浊污水排放，但厂区内污水入网口却未排放污水。现场采样，经检测：化学需氧量：1370mg/L,超过国家规定排放标准。经进一步调查发现：你单位污水操作工将未经处理的调节池废水绕过在线监控和流量计，通过可控阀门，利用碱减量废水管道打入污水管网。

我局认为你单位上述行为违反了《中华人民共和国水污染防治法》第二十二条第二款“禁止私设暗管或者采取其他规避监管的方式排放水污染物”的规定，已构成违法。上述行为有检测报告、调查询问笔录、营业执照复印件、组织机构代码证复印件等证据为凭。

2015年4月16日，我局向你单位送达了行政处罚听证告知书（海环听告[2015]10号），你单位在规定期限内未提出陈述申辩和听证申请。

现依据《中华人民共和国水污染防治法》第七十五条第二款“除前款规定外，违反法律、行政法规和国务院环境保护主管部门的规定设置排污口或者私设暗管的，由县级以上地方人民政府环境保护主管部门责令限期拆除，处二万元以上十万元以下的罚款”的规定，我局责令你单位拆除暗管，对你单位作出如下行政处罚：

罚款人民币壹拾万元整。

限于接到本处罚决定书之日起十五日内将罚款缴至海宁市财政局非税收入专户。开户银行：×××，账号：××××-××。逾期不缴纳罚款的，我局将每日按罚款数额的3%加处罚款。

如不服本处罚决定，可在接到决定书之日起六十日内向嘉兴市环境保护局或者向海宁市人民政府申请复议，也可在三个月内直接向海宁市人民法院起诉。

逾期不申请复议，也不向人民法院起诉，又不履行本处罚决定的，我局将依法申请人民法院强制执行。

海宁市环境保护局

2015年4月29日

海宁市环境保护局行政拘留处罚案件移送材料清单

案由：浙江华昌纺织有限公司通过暗管排放污染物

材料名称	数 量	提供部门	备 注
行政处罚决定书	1	海宁市环境保护局	2 页
行政处罚决定书送达回执	1	海宁市环境保护局	1 页
行政处罚听证告知书	1	海宁市环境保护局	2 页
行政处罚听证告知书送达回执	1	海宁市环境保护局	1 页
立案审批表	1	海宁市环境保护局	1 页
案卷材料交接清单	1	海宁市环境保护局	1 页
环境违法行为举报信访件交办单	1	海宁市环境保护局	1 页
4 月 2 日现场勘察笔录	2	海宁市环境保护局	6 页
4 月 2 日现场勘察照片	2	海宁市环境保护局	6 张
4 月 3 日现场勘察照片	1	海宁市环境保护局	1 张
检测报告及送达回执	2	海宁市环境保护局	4 页
废水采样和交接记录	1	海宁市环境保护局	1 页
调查询问笔录	9	海宁市环境保护局	36 页
限期改正通知书	1	海宁市环境保护局	1 页
查封、扣押审批表及决定书	2	海宁市环境保护局	2 页
改正违法行为决定书及送达回执	2	海宁市环境保护局	2 页
责令停产整治告知书及送达回执	2	海宁市环境保护局	3 页
身份证复印件	6	海宁市环境保护局	6 页
授权委托书	1	海宁市环境保护局	1 页
劳动合同	3	海宁市环境保护局	18 页
劳务协议书	1	海宁市环境保护局	1 页
营业执照及组织机构代码证复印件	2	海宁市环境保护局	2 页
行政处罚案件明细表	1	海宁市环境保护局	1 页
调查报告	1	海宁市环境保护局	3 页
执法证复印件	6	海宁市环境保护局	6 页

移送部门人员签名（执法证号）

×××

2015年 月 日

（移送机关盖章）

公安机关签收人（警官证号）

×××

2015年4月30日

（受理机关盖章）

注：本清单一式两份，移送部门和公安机关各存一份。

海宁市公安局

行政处罚决定书

海公（马）行罚决字[2015]11542号

违法行为人：X X X，62岁，XX年X月X日出生，居民身份证号码为XXXXXXXX，户籍所在地为浙江省海宁市X X X X X X X X X X，现住XXX X X X X X X X X X X X X X X，工作单位：浙江华X X X X X X，违法经历：无。

现查明 2013年11月份，浙江华昌纺织有限公司工作人员XXX、XXX、XXX经事先商量，由XXX、XXX、XXX私设暗管，之后XXX、XXX、XXX三人分别单独通过暗管阀门开关将该公司调节池内废水未经处理直接排入污水管网，后于2015年4月2日凌晨被海宁市环境保护局查获。经采样检测：废水中COD_{Cr}:1370mg/L，超过《污水综合排放标准》(GB8978—1996)表4中的三级排放标准。XXX 的行为已经构成逃避监管违法排放污染物。

以上事实有XXX本人的陈述和申辩，同案人的陈述和申辩，证人证言，现场检查（勘察）笔录，检测报告等证据证实。

根据《中华人民共和国环境保护法》第六十三条第(三)项之规定，决定给予XXX 行政拘留十二日的行政处罚。

执行方式和期限：行政拘留由本局送海宁市拘留所执行，执行期限自2015年 5 月27日至2015年 6 月 8 日止。

如不服本决定，可以在收到本决定书之日起六十日内向 嘉兴市公安局或者海宁市人民政府 申请行政复议或者在六个月内依法向 海宁市人民法院 提起行政诉讼。

行政处罚决定书已向我宣告并送达 。
被处罚人XXX
2015年 5月27 日

海宁市公安局
二〇一五年五月二十七日

此联附卷。治安案件有被侵害人的，复印送达被侵害人。

海宁市公安局

行政处罚决定书

海公（马）行罚决字[2015]11707号

违法行为人：XXX，男，60岁，XX年X月X日出生，居民身份证号码为XXXXXXXX，户籍所在地为浙江省海宁市XXXXXXXXXXXXXX，现住XXXXXXXXXXXXXXXXXXXX，工作单位：浙江华XXXXXX，违法经历：无。

现查明 2013年11月份，浙江华昌纺织有限公司工作人员XXX、XXX、XXX经事先商量，由XXX、XXX、XXX私设暗管，之后XXX、XXX、XXX三人分别单独通过暗管阀门开关将该公司调节池内废水未经处理直接排入污水管网，后于2015年4月2日凌晨被海宁市环境保护局查获。经采样检测：废水中COD_{Cr}:1370mg/L，超过《污水综合排放标准》(GB8978－1996)表4中的三级排放标准。XXX的行为已经构成逃避监管违法排放污染物。经查明，XXX事先未参与商量，在暗管施工过程中也仅起辅助作用，属于情节较轻的情形。

以上事实有XXX本人的陈述和申辩，同案人XXX陈述和申辩，证人证言，现场检查(勘察)笔录，检测报告等证据证实。

根据《中华人民共和国环境保护法》第六十三条第(三)项之规定，决定给予XXX行政拘留五日的行政处罚。

执行方式和期限：行政拘留由本局送海宁市拘留所执行，执行期限自2015年6月11日至2015年6月16日止。

如不服本决定，可以在收到本决定书之日起六十日内向 嘉兴市公安局或者海宁市人民政府 申请行政复议或者在六个月内依法向 海宁市人民法院 提起行政诉讼。

海宁市公安局

二〇一五年六月十一日

行政处罚决定书已向我宣告并送达。

被处罚人XXX

2015年6月11日

此联附卷，治安案件有被侵害人的，复印送达被侵害人。

海宁市公安局

行政处罚决定书

海公（马）行罚决字[2015]11708号

违法行为人：× × × 男，59岁，××年×月×日出生，居民身份证号码为× × × × × × × × 户籍所在地为浙江省海宁市 × × × × × × × × × × ×，现住× × × × × × × × × × × × × × × × × × × ×，工作单位：浙江 × × × × × × ×，违法经历：无。

现查明 2013年11月份，浙江华昌纺织有限公司工作人员× × ×、× × ×、× × ×事先商量，由× × ×、× × ×、× × ×私设暗管，之后× × ×、× × ×、× × ×三人分别单独通过暗管阀门开关将该公司调节池内废水未经处理直接排入污水管网，后于2015年4月2日凌晨被海宁市环境保护局查获。经采样检测：废水中COD_{Cr}:1370mg/L，超过《污水综合排放标准》（GB8978－1996）表4中的三级排放标准。×××的行为已经构成逃避监管违法排放污染物。

以上事实有× × ×本人的陈述和申辩，同案人的陈述和申辩，证人证言，现场检查（勘察）笔录，检测报告等证据证实。

根据《中华人民共和国环境保护法》第六十三条第（三）项之规定，决定给予×××行政拘留十日的行政处罚。

执行方式和期限：行政拘留由本局送海宁市拘留所执行，执行期限自2015年6月11日至2015年6月21日止。

如不服本决定，可以在收到本决定书之日起六十日内向 嘉兴市公安局或者海宁市人民政府 申请行政复议或者在六个月内依法向 海宁市人民法院 提起行政诉讼。

海宁市公安局

二〇一五年六月十一日

行政处罚决定书已向我宣告并送达。

被处罚人 × × ×

2015年6月11日

此联附卷。治安案件有被侵害人的，复印送达被侵害人。

海宁市公安局

行政处罚决定书

海公（马）行罚决字[2015]11541号

违法行为人：×××，男，33岁，××年×月×日出生，居民身份证号码为××××××××，户籍所在地为浙江省海宁市×××××××××××××，现住××××××××××××××××，工作单位：浙江华××××××，违法经历：无。

现查明 2013年11月份，浙江华昌纺织有限公司工作人员×××、×××、×××经事先商量，由×××、×××、×××私设暗管，之后×××、×××、×××三人分别单独通过暗管阀门开关将该公司调节池内废水未经处理直接排入污水管网，后于2015年4月2日凌晨被海宁市环境保护局查获。经采样检测：废水中COD_{Cr}:1370mg/L，超过《污水综合排放标准》（GB8978—1996）表4中的三级排放标准。×××的行为已经构成逃避监管违法排放污染物。

以上事实有×××本人的陈述和申辩，同案人的陈述和申辩，证人证言，现场检查（勘察）笔录，检测报告等证据证实。

根据《中华人民共和国环境保护法》第六十三条第（三）项之规定，决定给予×××行政拘留十日的行政处罚。

执行方式和期限：行政拘留由本局送海宁市拘留所执行，执行期限自2015年5月27日至2015年6月6日止。

如不服本决定，可以在收到本决定书之日起六十日内向 嘉兴市公安局或者海宁市人民政府 申请行政复议或者在六个月内依法向 海宁市人民法院 提起行政诉讼。

海宁市公安局

二〇一五年五月二十七

行政处罚决定书已向我宣告并送达。

被处罚人×××

2015年5月27日

此联附卷。治安案件有被侵害人的，复印送达被侵害人。

四川资阳市安岳县四海龙腾种猪场私设暗管直排养殖废液移送行政拘留案

【案例提供单位】四川省资阳市环境保护局

【案例类型】移送行政拘留

【案例名称】四川资阳市安岳县四海龙腾种猪场私设暗管直排养殖废液移送行政拘留案

【主要违法行为】私设暗管直排养殖废液

【污染类型】水污染

【违法企业所属行业】种猪养殖业

【处罚及执行情况】移送安岳县公安局行政拘留 10 天

【关键词】水污染、私设暗管、移送行政拘留

一、基本案情与审理过程

2015 年 4 月 15 日，环境保护部西南环境保护督查中心、资阳市环境保护局、资阳市环境监察支队、安岳县环境保护局、安岳县环境执法大队等部门执法人员在对四川省资阳市安岳县四海龙腾种猪场检查中发现，该种猪场的第 3 栋母猪圈舍（妊娠舍）旁养殖废液通过暗管排入围墙外的雨水沟，最后排至琼江河。经执法人员现场采样、取证、调查后，认定此行为属于私设暗管偷排。

环境监察执法人员当场要求该种猪场立即停止违法排污行为，拆除外排废液的私设暗管。2015 年 4 月 16 日，资阳市安岳县环境保护局对资阳市安岳县四海龙腾种猪场处以人民币 10 万元罚款；责令拆除暗管；提请安岳县人民政府责令其停产整顿；并将此案件依法移交安岳县公安局。当日，安岳县公安局在查明违法事实，锁定相关证据后，下达《行政处罚决定书》（安公（治）行罚决字[2015]315 号、316 号），分别对安岳县四海龙腾种猪场场长王某做出了行政拘留 10 天的处罚决定、对安岳县四海龙腾种猪场员工杨某做出了行政拘留 5 天的处罚决定。

二、案件涉及的法律问题

（一）违法行为的认定

问题：安岳县环境保护局认定安岳县四海龙腾种猪场私设暗管直排养殖废液行为违法的法律依据是什么？

根据安岳县环境监察执法大队出具的《环境行政案件调查终结报告》（川环法安岳行调终字[2015]602 号），“经执法人员实地调查，作询问笔录 2 份（川环法安岳行询字[2015]602-1 号、602-2 号），调查笔录 1 份（川环法安岳行调字[2015]602 号），现场勘察笔录 1 份（川环法安岳检勘字[2015]602 号），现场照片 20 张、视频 11 段，发现以下违法事实：安岳县四海龙腾种猪场场长王某因为场内沼气池堵塞，第 3 栋圈舍养殖废水不能顺利排入沼气池，故请大桥村村民杨某开挖水沟。杨某便将场内污水沟开凿排污口与场外雨水沟连接，导致该养殖场废水经场内明沟通过暗管排入龙台镇大桥村四组雨水沟，最后排入琼江河”。安岳县环境监察执法大队据此认定种猪场的行为构成私设暗管排放水污染物。

安岳县四海龙腾种猪场私设的暗管符合《行政主管部门移送适用行政拘留环境违法案件暂行办法》第五条对“暗管”的定义，“暗管是指通过隐蔽的方式达到规避监管目的而设置的排污管道，包括埋入地下的水泥管、瓷管、塑料管等，以及地上的临时排污管道”。因此，安岳县四海龙腾种猪场的上述行为符合《中华人民共和国环境保护法》第六十三条第（三）项“通过暗管、渗井、渗坑、灌注或者篡改、伪造监测数据，或者不正常运行防治污染设施等逃避监管的方式违法排放污染物的”情形，应承担相应的法律责任。

（二）处罚措施的适用

问题 1：安岳县环境保护局将案件移送公安机关对有关人员处以行政拘留的法律依据是什么？

对于上述违法行为，《中华人民共和国环境保护法》第六十三条规定“由县级以上人民政府环境保护主管部门或者其他有关部门将案件移送公安机关，对其直接负责的主管人员和其他直接责任人员，处十日以上十五日以下拘留；情节较轻的，处五日以上十日以下拘留”，《行政主管部门移送适用行政拘留环境违法案件暂行办法》第九条进一步明确“‘直接负责的主管人员’是指违法行为主要获利者和在生产、经营中有决定权的管理、指挥、组织人员；‘其他直接责任人员’是指直接排放、倾倒、处置污染物或者篡改、伪造监测数据的工作人员等”。

依据上述法律责任条款，安岳县环境保护局于2015年4月16日将此案件依法移交安岳县公安局。当日，安岳县公安局在查明违法事实，锁定相关证据后，下达《行政处罚决定书》（安公（治）行罚决字[2015]315号、316号），分别对安岳县四海龙腾种猪场场长王某做出了行政拘留10天的处罚决定、对安岳县四海龙腾种猪场员工杨某做出了行政拘留5天的处罚决定。

问题2：对案件责任主体的认定是否正确？

《行政主管部门移送适用行政拘留环境违法案件暂行办法》第九条明确“‘直接负责的主管人员’是指违法行为主要获利者和在生产、经营中有决定权的管理、指挥、组织人员；‘其他直接责任人员’是指直接排放、倾倒、处置污染物或者篡改、伪造监测数据的工作人员等”。

本案中，王某为安岳县四海龙腾种猪场场长，杨某为该种猪场的员工。根据《行政处罚决定书》（安公（治）行罚决字[2015]316号），安岳县公安局查明“2015年3月10日左右，安岳县四海龙腾种猪场场长王某让杨某等人把盛有种猪尿液等污染物的排水沟底部的暗管挖通，让污染物直接通过暗管流入猪场外的水沟，2015年4月15日被环境保护部门查获”，因此王某符合《行政主管部门移送适用行政拘留环境违法案件暂行办法》第九条对“直接负责的主管人员”的定义，杨某符合该条对“其他直接责任人员”的定义。安岳县环境保护局对本案责任主体的认定正确。

问题3：本案的处罚幅度是否适当？

《中华人民共和国环境保护法》第六十三条规定“由县级以上人民政府环境保护主管部门或者其他有关部门将案件移送公安机关，对其直接负责的主管人员和其他直接责任人员，处十日以上十五日以下拘留；情节较轻的，处五日以上十日以下拘留”。

本案中，王某作为安岳县龙腾四海种猪场的场长，指挥他人私设暗管直排养殖废液，负有主要责任。安岳县公安局对其处以十日行政拘留符合《中华人民共和国环境保护法》第六十三条“对其直接负责的主管人员和其他直接责任人员，处十日以上十五日以下拘留”的处罚幅度。杨某在王某的指挥下实施私设暗管直排养殖废液的行为，负有次要责任。安岳县公安局对其处以5日行政拘留符合《中华人民共和国环境保护法》第六十三条“情节较轻的，处五日以上十日以下拘留”的处罚幅度。

（三）程序问题

问题：安岳县环境保护局将本案移送安岳县公安局对有关人员处以行政拘留是否符合法定行政程序？

《行政主管部门移送适用行政拘留环境违法案件暂行办法》第十条规定“县级以上人民政府环境保护主管部门或者其他负有环境保护监督管理职责的部门向公安机关移送环境违法案件，应当制作案件移送审批单，报经本部门负责人批准”，第十二条规定“案件移送部门应当在做出移送决定后三日内将案件移送书和案件相关材料移送至同级公安机关”，第十四条规定“公安机关对移送的案件，认为事实清楚、证据确实充分，依法决定行政拘留的，应当在做出决定之日起三日内将决定书抄送案件移送部门”。

本案中，根据《环境行政案件案审委员会审议记录》（川环法安岳案审记字[2015]602 号），安岳县环境保护局集体审议决定将案件移送安岳县公安局，符合《行政主管部门移送适用行政拘留环境违法案件暂行办法》第十条要求。安岳县环境保护局在集体决定当日（2015 年 4 月 16 日）即将案件移送安岳县公安局，符合前述规范性文件第十二条要求。安岳县公安局当日即做出行政拘留决定，并抄送安岳县环境保护局，符合前述规范性文件第十四条规定。

三、本案启示

种猪场出于经济利益等原因，废液偷排的问题屡禁不止，偷排手段也是花样繁多。本案中的种猪场养殖过程中所产生的废液通过其场内明沟向围墙外一个暗管排放到围墙外的雨水沟至琼江河，执法人员在现场执法中应认真查勘管道内的水流向，全面了解其整个养殖过程中污水处置和排放情况，准确判断设置的暗管。

对于“暗管”的理解不能简单地相对于“明管”来理解，不能简单地从形式上进行考虑，不能仅从法律的字面理解，而应从立法的目的及后果来考虑，私设暗管的目的在于规避监管方式，因此“暗管”应该理解为通过隐蔽的方式达到规避监管的目的而设置的管道。这也符合《行政主管部门移送适用行政拘留环境违法案件暂行办法》第五条对“暗管”的定义，“暗管是指通过隐蔽的方式达到规避监管目的而设置的排污管道”。

针对此类私设暗管的情形，环境保护执法部门可以依据《中华人民共和国环境保护法》第六十三条，将案件移送公安机关，对违法排污者的直接负责的主管人员和其他直接责任人员采取行政拘留措施，通过更加严厉的人身处罚使违法排污者遵守有关环境保护法律，停止违法排污行为。

北京金科展昊置业有限公司拒不停止建设移送行政拘留案

【案例提供单位】北京市环境保护局

【案例类型】移送行政拘留

【案例名称】北京金科展昊置业有限公司拒不停止建设移送行政拘留案

【主要违法行为】建设项目未依法进行环境影响评价，被责令停止建设，拒不执行

【违法企业所属行业】房地产行业

【处罚及执行情况】北京市环境保护局移送北京市公安局治安管理总队建议处以行政拘留，北京市公安局尚未做出行政拘留决定

【关键词】责令停止建设、拒不执行、移送行政拘留

一、基本案情与审理过程

2015 年 1 月 26 日，北京市环境监察总队执法人员对北京金科展昊置业有限公司（以下简称金科展昊）位于大兴区生物医药基地 0505—070、076、066、077 地块 F1 住宅混合公建用地、R53 托幼用地、U43 粪便垃圾设施用地（配建公共租赁住房）项目进行检查，发现该项目环境影响评价文件未经批准（该单位曾在 2014 年 9 月 26 日向北京市环境保护局报送该项目的环境影响报告书，后于 2014 年 10 月 9 日主动申请撤回，至今尚未再次报送），主体工程已于 2014 年 12 月开工建设，计划于 2017 年底完工。

北京市环境保护局于 2015 年 1 月 30 日进行立案调查，认为该公司的行为违反了《中华人民共和国环境保护法》第十九条第二款以及《中华人民共和国环境影响评价法》第二十二条第一款和第二十五条的规定。2015 年 3 月 4 日，北京市环境保护局向金科展昊下达了《行政处罚听证告知书》，金科展昊在规定的时间内

未提交陈述申辩意见，也未提出听证申请。2015 年 3 月 19 日，北京市环境保护局依法做出《行政处罚决定书》（京环保监察罚字[2015]11 号），依据《中华人民共和国环境保护法》第六十一条和《中华人民共和国环境影响评价法》第三十一条第二款，责令该单位停止建设，处罚款 10 万元，并于 2015 年 3 月 24 日送达到该单位。

2015 年 3 月 26 日，北京市环境监察总队执法人员对该工地复查，现场有工人约 100 人，从事钢筋绑扎等施工工序。2015 年 3 月 27 日再次检查，工地水泥罐车正在进行地板浇铸，部分工人在绑扎与切割钢筋，仍未停止建设。

2015 年 4 月 2 日，北京市环境保护局依据《中华人民共和国环境保护法》第六十三条第（一）项和《行政主管部门移送适用行政拘留环境违法案件暂行办法》第三条第（一）项的规定，正式将此案移送北京市公安局治安管理总队，建议对其直接负责的主管人员和其他直接责任人员，处十日以上十五日以下拘留。北京市公安局治安管理总队受理，并提出了补证要求，北京市环境保护局已于 2015 年 4 月 9 日向北京市治安管理总队提交了本案的补充证据材料。

二、案件涉及的法律问题

（一）违法行为的认定

问题：北京市环境保护局认定金科展昊有违法行为的事实依据和法律依据是什么？

2015 年 1 月 26 日，北京市环境监察总队执法人员对金科展昊位于大兴区生物医药基地 0505—070、076、066、077 地块 F1 住宅混合公建用地、R53 托幼用地、U43 粪便垃圾设施用地（配建公共租赁住房）项目进行检查，发现该项目环境影响评价文件未经批准，但主体工程已于 2014 年 12 月开工建设，计划于 2017 年底完工。2015 年 3 月 19 日，北京市环境保护局依法做出《行政处罚决定书》（京环保监察罚字[2015]11 号），责令该单位停止建设，处罚款 10 万元，并于 2015 年 3 月 24 日送达该单位。2015 年 3 月 26 日，北京市环境监察总队执法人员对工地复查，现场有工人约 100 人，正在从事钢筋绑扎等施工工序。2015 年 3 月 27 日再次检查，工地水泥罐车正在进行地板浇铸，部分工人在绑扎与切割钢筋，仍未停止建设。

金科展昊的上述行为符合《行政主管部门移送适用行政拘留环境违法案件暂行办法》第三条第（一）项“送达《责令停止建设决定书》后，再次检查发现仍在建设的”情形，因此符合《中华人民共和国环境保护法》第六十三条第（一）项“建设项目未依法进行环境影响评价，被责令停止建设，拒不执行的”情形，应承担相应的法律责任。

（二）处罚措施的适用

问题：北京市环境保护局将案件移送公安机关对有关人员处以行政拘留的法律依据是什么？

对于上述违法行为，《中华人民共和国环境保护法》第六十三条规定“由县级以上人民政府环境保护主管部门或者其他有关部门将案件移送公安机关，对其直接负责的主管人员和其他直接责任人员，处十日以上十五日以下拘留；情节较轻的，处五日以上十日以下拘留”，《行政主管部门移送适用行政拘留环境违法案件暂行办法》第九条进一步明确“‘直接负责的主管人员’是指违法行为主要获利者和在生产、经营中有决定权的管理、指挥、组织人员；‘其他直接责任人员’是指直接排放、倾倒、处置污染物或者篡改、伪造监测数据的工作人员等”。

依据上述法律责任条款，北京市环境保护局于2015年4月2日正式将此案移送北京市公安局治安管理总队，建议对其直接负责的主管人员和其他直接责任人员，处十日以上十五日以下拘留。北京市环境保护局对行政拘留期限的建议符合《中华人民共和国环境保护法》第六十三条“对其直接负责的主管人员和其他直接责任人员，处十日以上十五日以下拘留”的处罚幅度。

（三）程序问题

问题：北京市环境保护局在本案中应当向北京市公安局移送哪些案卷材料？

《行政主管部门移送适用行政拘留环境违法案件暂行办法》第十一条第一款规定：“案件移送部门应当向公安机关移送下列案卷材料：（一）移送材料清单；（二）案件移送书；（三）案件调查报告；（四）涉案证据材料；（五）涉案物品清单；（六）行政执法部门的处罚决定等相关材料；（七）其他有关涉案材料等”。

本案中，北京市环境保护局除了按上述要求移送案卷材料外，北京市公安局还要求提供调查现场施工人员未接到停工的笔录3份、调查《责令改正通知书》送达后对方是否向有决策权的领导汇报、调查哪些人下达不执行的命令等。这些工作大部分超出了环境保护部门执法的职责范围。但这些材料对认定本案的责任主体，即《中华人民共和国环境保护法》第六十三条规定并在《行政主管部门移送适用行政拘留环境违法案件暂行办法》第九条中进一步明确的“直接负责的主管人员与其他直接责任人员”，具有重要作用。

三、本案启示

本案在实际移送过程中，公安机关办案需要的证据材料多于平时环境保护部门自身办理行政处罚案件所需的证据材料，有的超出了环境保护部门自身职责范围，取证过程较为困难。《行政主管部门移送适用行政拘留环境违法案件暂行办法》第十三条规定“公安机关经审查，认为案件违法事实不清、证据不足的，可以在受案后三日内书面告知案件移送部门补充移送相关证据材料，也可以按照《公安机关办理行政案件程序规定》调查取证”。该条未能对公安部门与环境保护部门在移送行政拘留案件中的调查取证责任做出明确安排。为实现移送行政拘留案件的高效处理，需根据环境保护部门与公安部门的职责范围进一步明确调查取证责任，并促进双方的合作。

江西省新余市某科技公司
不正常运行污染防治设施移送行政拘留案

【案例提供单位】江西省新余市环境保护局

【案例类型】移送行政拘留

【案例名称】江西省新余市某科技公司不正常运行污染防治设施移送行政拘留案

【主要违法行为】水污染防治设施基本失效，生产污水未经有效处理直接外排

【污染类型】水污染

【处罚及执行情况】移送该公司 3 名直接责任人员朱某、艾某和易某，公安机关处以行政拘留 5 日

【关键词】水污染、不正常运行污染防治设施、逃避监管、移送行政拘留

一、基本案情与审理过程

2015 年 3 月 19 日，江西省新余市环境保护局执法人员对某科技公司进行检查，发现该公司水污染防治设施基本失效，生产污水未经有效处理直接外排，总排放口污水呈蓝色，带有刺鼻气味。新余市环境保护局工作人员在水处理设施废水总排放口进行了取样并拍照。监测结果表明，总排放口废水 pH 值呈碱性，化学需氧量浓度 640 mg/L，总铜浓度 21.5 mg/L，分别超出排放标准 3.27 倍、42 倍。

新余市环境保护局行政处罚案件审理委员会审议认为：该公司不正常运行水污染防治设施，造成污水超标排放的违法行为事实清楚、证据充分、程序得当、适用法律条款正确，除给予该公司行政处罚外，该公司的违法行为符合《中华人民共和国环境保护法》第六十三条的处理构件，应移送公安机关实施行政拘留。

4 月 21 日，新余市环境保护局将该案件依法移送公安机关，经公安机关进一步调查核实，认定该公司的违法行为事实清楚，证据确凿，决定对该公司 3 名直

接责任人员朱某、艾某和易某一并执行行政拘留 5 日的处罚。

二、案件涉及的法律问题

（一）违法行为的认定

问题：新余市环境保护局认定新余市某科技公司不正常运行污染防治设施行为违法的法律依据是什么？

新余市某科技公司不正常运行污染防治设施行为符合《行政主管部门移送适用行政拘留环境违法案件暂行办法》第七条规定的“通过不正常运行防治污染设施等逃避监管的方式违法排放污染物”情形，“污染物处理设施发生故障后，排污单位不及时或者不按规程进行检查和维修，致使处理设施不能正常发挥处理作用的”。

因此，该科技公司的上述行为符合《中华人民共和国环境保护法》第六十三条第（三）项“通过暗管、渗井、渗坑、灌注或者篡改、伪造监测数据，或者不正常运行防治污染设施等逃避监管的方式违法排放污染物的”情形，应承担相应的法律责任。

（二）处罚措施的适用

问题 1：新余市环境保护局将案件移送公安机关对有关人员处以行政拘留的法律依据是什么？

对于上述违法行为，《中华人民共和国环境保护法》第六十三条规定“由县级以上人民政府环境保护主管部门或者其他有关部门将案件移送公安机关，对其直接负责的主管人员和其他直接责任人员，处十日以上十五日以下拘留；情节较轻的，处五日以上十日以下拘留”。

依据上述法律责任条款，新余市环境保护局于 2015 年 4 月 21 日将此案件依法移交公安机关。经公安机关进一步调查核实，认定该公司的违法行为事实清楚，证据确凿，决定对该公司 3 名直接责任人员朱某、艾某和易某一并执行行政拘留 5 日的处罚。

问题 2：本案的处罚幅度是否适当？

《中华人民共和国环境保护法》第六十三条规定“由县级以上人民政府环境保护主管部门或者其他有关部门将案件移送公安机关，对其直接负责的主管人员和其他直接责任人员，处十日以上十五日以下拘留；情节较轻的，处五日以上十日以下拘留”。

本案中，公安机关决定对该公司 3 名直接责任人员朱某、艾某和易某一并执行行政拘留 5 日的处罚，符合《中华人民共和国环境保护法》第六十三条“对其直接负责的主管人员和其他直接责任人员，处五日以上十日以下拘留”的处罚幅度。

三、本案启示

该案成为《中华人民共和国环境保护法》实施以来，新余市首例环境行政拘留案。这起案件的执行，极大地提高了企业的环境保护意识。企业深受触动，积极主动地检查和维修现有污染防治设施，进度快、效果好，检修后经监测，能够做到达标排放。该案件的处理结果，通过在当地主流媒体上宣传，引起了社会的强烈反响，同时对其他排污单位起到了一定的威慑作用。

山西晋丰煤化工公司不正常运行污染防治设施移送行政拘留案

【案例提供单位】晋城市环境保护局

【案例类型】移送行政拘留

【案例名称】山西晋丰煤化工公司不正常运行污染防治设施移送行政拘留案

【主要违法行为】该企业在日常巡检中，未对相关污染防治设施进行认真检查和维修，导致泄漏事件发生时，高浓度废水不能正常进入事故池，污水防治设施未能正常发挥作用

【污染类型】水污染

【违法企业所属行业】化工业

【处罚及执行情况】晋城市环境保护局2015年2月13日将该案件移送晋城市公安局，晋城市公安局认为不符合行政拘留条件

【关键词】水污染、不正常运行污染防治设施、逃避监管、移送行政拘留

一、基本案情与审理过程

2015年1月20日10时，山西晋丰煤化工有限责任公司污水排放连续监测设施出现故障，COD数据出现异常。2015年1月21日凌晨1点左右，山西省高平市环境监察大队、高平市环境监测站对山西晋丰煤化工有限责任公司进行了现场检查并对其污水排口进行现场采样，采取样品监测结果为：COD 552 mg/L，氨氮47.4 mg/L，存在超标排放现象（COD标准为100 mg/L，氨氮标准为40 mg/L）。

晋城市环境监察支队收到高平市环境监察大队递交的《关于山西晋丰煤化工有限责任公司污水超标排放的情况报告》后，于2015年1月23日对该企业进行了现场检查。经现场了解，造成2015年1月21日总排放口出现超标主要原因是1月20日18：10至1月20日22：00，该企业净化车间B系统二次脱硫溶液槽

根部发生泄漏，部分脱硫溶液沿厂内污水沟进入污水处理站，污水处理站工作人员将该部分废水排入事故池时，因阀门内漏（事故池与调节池公用一个阀门），造成部分高浓度废水进入调节池。

晋城市环境保护局执法人员认为：由于该企业在日常巡检中，未对相关污染防治设施进行认真检查和维修，导致泄漏事件发生时，高浓度废水不能正常进入事故池，污水防治设施未能正常发挥作用。根据《行政主管部门移送适用行政拘留环境违法案件暂行办法》第七条第（六）项："污染物处理设施发生故障后，排污单位不及时或者不按规程进行检查和维修，致使处理设施不能正常发挥作用的"规定，晋城市环境保护局 2015 年 2 月 13 日将该案件移送晋城市公安局，晋城市公安局以晋市公（治）受案字[2015]000001 号受理了该案件。

但晋城市公安局在进一步调查中认为：该企业在 1 月 20 日当天发现阀门内漏后及时对其进行了修补，不符合《行政主管部门移送适用行政拘留环境违法案件暂行办法》第七条第（六）项中的"不及时或者不按规程进行检查和维修"，认为该案件不符合行政拘留条件，并于 2015 年 3 月 12 日做出《晋城市终止案件调查决定书》（晋市公终止决字[2015]000001 号）。

二、案件涉及的法律问题

问题：晋城市环境保护局将本案移送行政拘留的法律依据是什么？本案是否符合《行政主管部门移送适用行政拘留环境违法案件暂行办法》第七条第（六）项规定的情形？

晋城市环境保护局认为，由于山西晋丰煤化工公司在日常巡检中，未对相关污染防治设施进行认真检查和维修，导致泄漏事件发生时，高浓度废水不能正常进入事故池，污水防治设施未能正常发挥其作用。山西晋丰煤化工公司的上述行为符合《行政主管部门移送适用行政拘留环境违法案件暂行办法》第七条规定的"通过不正常运行防治污染设施等逃避监管的方式违法排放污染物"情形，"污染物处理设施发生故障后，排污单位不及时或者不按规程进行检查和维修，致使处理设施不能正常发挥处理作用的"。因此，应当依据《中华人民共和国环境保护法》第六十三条将山西晋丰煤化工公司移送行政拘留。

晋城市公安局在受理案件并开展调查后认为，该企业在 1 月 20 日当天发现阀门内漏后及时对其进行了修补，不符合《行政主管部门移送适用行政拘留环境违法案件暂行办法》第七条第（六）项中的“不及时或者不按规程进行检查和维修”，认为该案件不符合行政拘留条件。

如何准确理解“不及时或者不按规程进行检查和维修”？

从文义解释的角度来看，《行政主管部门移送适用行政拘留环境违法案件暂行办法》第七条第（六）项将排污单位的检查与维修义务安排在“污染物处理设施发生故障后”，而非“污染物处理设施可能发生故障时”，严格限定检查与维修义务发生的时间要件。因此，不应将本条的适用范围延伸至排污单位在故障实际发生之前的行为，如日常巡检。本案中，依据晋城市公安局的调查结果，“企业在1月20日当天发现阀门内漏后及时对其进行了修补”。因此，应当认为山西晋丰煤化工公司已履行及时检查和维修的义务。

从目的解释的角度来看，《行政主管部门移送适用行政拘留环境违法案件暂行办法》第七条前六项规定的情形均包含一定的主观故意成分，即排污单位在明知可能造成污染的条件下依然主动或者放任防治污染措施不正常运行。正是由于这种主观故意的存在，《中华人民共和国环境保护法》第六十三条试图通过实施行政拘留来促使排污单位转变观念，采取及时、有效的措施防治污染。简而言之，排污单位不应在具备时间、能力等条件的情况下，出于经济利益等私益方面的考虑，故意或者放任污染防治设施不正常运行。本案中，由于泄漏事件发生较快，排污单位不具备充分的时间在事件发生前恢复污染防治设施的功能，且在合理时间内采取了修补措施，应当认为排污单位不具备主观故意，不符合《中华人民共和国环境保护法》第六十三条与《行政主管部门移送适用行政拘留环境违法案件暂行办法》第七条的规范目的。

综上所述，本案不符合《行政主管部门移送适用行政拘留环境违法案件暂行办法》第七条第（六）项中的“不及时或者不按规程进行检查和维修”，故该企业不符合行政拘留条件。

三、本案启示

除上述在法条理解上的争议外，本案尚有一些重要问题需要加以明确。例如，当环境保护部门与公安机关在是否应当行政拘留问题上意见不一致时，应当以哪方的意见为准？依照现行法律规定，仅公安机关有权采取行政拘留措施，环境保护部门只有移送行政拘留的权力，因此公安机关是行政拘留措施的最终决定者。但是，在环境行政案件中，某些判断需要环境方面的专业能力，如《行政主管部门移送适用行政拘留环境违法案件暂行办法》第七条第（六）项中规定的“按规程进行检查和维修”，公安机关可能无法准确判断，而需要借助环境保护部门的专长。鉴于此，在移送行政拘留权之外，如何合理配置环境保护部门在最终决定行政拘留中的权力范围值得进一步研究。

重庆欧尔矿业有限责任公司通过暗管、渗井等逃避监管方式排放生产废水移送行政拘留案

【案例提供单位】重庆市彭水苗族土家族自治县环境保护局

【案例类型】移送行政拘留

【案例名称】重庆欧尔矿业有限责任公司通过暗管、渗井等逃避监管方式排放生产废水移送行政拘留案

【主要违法行为】通过暗管、渗井等逃避监管方式排放生产废水

【污染类型】水污染

【违法企业所属行业】矿产品洗选加工

【处罚及执行情况】2015年5月5日，重庆市彭水苗族土家族自治县环境保护局对重庆欧尔矿业有限责任公司进行现场检查，发现该公司通过暗管、渗井等逃避监管方式排放生产废水的三种行为：一是将循环池中生产废水通过预埋暗管排入厂区雨水管网外排进入园区雨水管网，最终排入郁江；二是将生产废水从沉渣池收缩缝外排，通过渗井和自然渗漏方式排放进入地下；三是泵房门口由于设备故障原因，生产废水排入厂区雨水管网外排进入园区雨水管网，最终排入郁江。

对重庆欧尔矿业有限责任公司上述环境违法行为，彭水县环境保护局对该公司下达了《责令改正违法行为决定书》和《行政处罚事先（听证）告知书》，责令其停产整改，2015年5月28日，彭水县环境保护局依法对该公司作出罚款3万元的行政处罚决定。同时，依据《中华人民共和国环境保护法》第六十三条第三项和《行政主管部门移送适用行政拘留环境违法案件暂行办法》第五条的规定，于2015年5月11日将该案件移送公安机关。彭水县公安局于2015年6月3日对该公司主要负责人作出行政拘留决定。该企业已停产开展全面整治工作。彭水县环境保护局先后于2015年5月7日、5月19日对该案进行了复查，该公司已停产；并于2015年6月5日进行了后督察，再次督促该公司落实全面整治工作

【关键词】废水、暗管渗井偷排、行政拘留

一、基本案情与查处过程

重庆欧尔矿业有限责任公司成立于2014年5月，位于彭水苗族土家族自治县保家工业园区，厂区占地面积约5 000 m^2，设计生产能力10万t，是一家以萤石、重晶石为原料生产萤石粉、重晶石粉的矿产品加工企业。根据该公司环评文件，其生产废水为闭路循环不外排，日常监管中并未发现异常情况，但鉴于群众举报该公司有暗管偷排嫌疑，彭水县环境保护局执法人员将本次检查重点确定为该公司生产废水循环使用情况和厂区外排水情况。现场检查前，执法人员开展了大量的前期调查工作，对其环评、工艺流程、废水循环池设计、废水管网及雨水管网走向等进行反复研究，查找疑点，梳理检查思路，力图提高现场检查效率，又可以避免检查过程出现漏项。

2015年5月5日，执法人员采取先外围后内部的方式，展开对重庆欧尔矿业有限责任公司的全面排查。先是查看了厂区外围状况和周边环境敏感点点位，询问周边群众了解企业排污状况和是否有其他的排污渠道。接着细致排查厂区内部管网走向、废水产生及循环过程，发现该公司通过暗管、渗井等逃避监管方式排放生产废水的三种行为：一是将循环池中生产废水通过预埋暗管排入厂区雨水管网外排进入园区雨水管网，最终排入郁江；二是将生产废水从沉渣池收缩缝外排，通过渗井和自然渗漏方式排放进入地下；三是泵房门口由于设备故障原因，将生产废水排入厂区雨水管网外排进入园区雨水管网，最终排入郁江。

对重庆欧尔矿业有限责任公司通过逃避监管方式排放污染物的行为，彭水县环境保护局一是对该公司下达了《责令改正违法行为决定书》，责令其停产整改；二是约见了该公司负责人和环保工作人员，对其进行了批评教育；三是发出《行政处罚事先（听证）告知书》，依法实施行政处罚；四是依据《中华人民共和国环境保护法》第六十三条第三项和《行政主管部门移送适用行政拘留环境违法案件暂行办法》第五条的规定，于2015年5月11日将该案件移送公安机关。2015年5月28日，彭水县环境保护局依法对该公司作出罚款3万元的行政处罚决定。2015年6月3日，彭水县公安局对该公司主要负责人作出行政拘留决定。

二、案件涉及的法律问题

重庆欧尔矿业有限责任公司通过暗管、渗井等方式排放生产废水，逃避环保部门监管，依据《中华人民共和国环境保护法》第六十三条第三款的规定，涉嫌适用行政拘留。彭水县环境保护局检查发现该违法行为后，依法将该案移送公安机关。彭水县公安局经审理，依法予以立案查处，对其直接负责的主管人员予以行政拘留。

三、本案启示

（一）充分运用法律手段，严厉打击违法排污

环境保护行政拘留属于行政强制措施，通过对违法排污企业的直接负责的主管人员和其他直接责任人员进行强制拘留，对于一般的环境违法行为，由环境保护部门通过责令改正、处以罚款等处罚方式可以实现管理和制止的目的，但对于一些严重环境违法行为，必须对其有关责任人员处以人身处罚，才能形成有效威慑。《中华人民共和国环境保护法》第六十三条中规定的四种具体适用情形都是较为严重的环境违法行为。本案中，重庆欧尔矿业有限责任公司通过暗管、渗井、渗坑排放污染物，将违法行为转移到地下，给环境带来的损害更加难以恢复，其影响更为恶劣，比一般的超标排放更为严重。由于该企业违法性质比较恶劣、手段比较隐蔽、后果不可估量，对这种主观恶意的情形，必须给予严厉处罚。

（二）积极开展前期准备，努力提升执法效果

环境违法发现难、查处难的问题一直是环境执法挥之不去的尴尬，企业故意偷排的方式非常隐蔽，环境保护部门很难发现。如在本案中，该企业在建厂之初就做好了偷排的准备，暗管建在非常隐蔽的地方，渗井建在雨水沟边，所以环境保护部门很难发现企业违法行为，若未做好充分的事前准备，就不能有的放矢地仔细排查，使违法行为很难及时发现和制止，污染损害后果将会扩大蔓延。因此，这给环保执法工作人员提出了更高要求，不仅要求责任心强，业务精通，现场检查前更要开展充分的准备工作，提高执法效能。

（三）及时开展后督查，切实巩固执法成效

实施新《中华人民共和国环境保护法》后，环境执法不再是“一锤子买卖“，而是一个持续的过程，需要回访跟踪。如实施处罚、拘留等行政强制措施之后，执法人员需依法进行后督查并跟进处罚处理情况的整改落实。本案中，该环境保护部门在实施处罚 5 日后即开展了回访，随后根据整改情况一个月后再次开展后督察，确认所有暗管、渗井拆除并整改到位。在当前基层环境执法力量相对薄弱的条件下，如何充分合理调配执法力量以及与公安、水务等执法部门联动执法资源，有待根据实际情况作进一步研究探索。

重庆梁平县渝丰纸制品有限公司私设暗管偷排造纸废水移送行政拘留案

【案例提供单位】重庆市梁平县环境保护局

【案例类型】移送行政拘留

【案例名称】梁平县渝丰纸制品有限公司私设暗管偷排造纸废水移送行政拘留案

【主要违法行为】私设暗管偷排生产废水

【污染类型】水污染

【违法企业所属行业】造纸业

【处罚及执行情况】2015 年 4 月 15 日 0 点 50 分左右，梁平县环境保护局执法人员对梁平县渝丰纸制品有限公司进行了夜间暗查，发现该公司在其污水处理站污泥收集池的泄压管道口接了一根约 6 m 长的消防软管，将污泥池内的污水通过非法定排放口排放入河。梁平县环境保护局依法责令其立即停止违法排污，立即拆除私设的管道，并于 4 月 30 日对其作出了罚款 10 万元的处罚决定。根据《中华人民共和国环境保护法》第六十三条第（三）项和《行政主管部门移送适用行政拘留环境违法案件暂行办法》（以下简称《暂行办法》）的相关规定将该案件移送梁平县公安局。该公司在违法行为发生后立即停止了违法排污行为，并对私设的临时排污管道进行了拆除，于 5 月 8 日缴纳了罚款。2015 年 6 月 18 日，梁平县公安局对该公司涉及此次案件的直接当事人和环境保护负责人分别作出拘留 7 日和 5 日的处罚决定

【关键词】造纸废水、暗管、排污、行政拘留

一、基本案情与查处过程

水污染防治是梁平县环境保护工作的重点，造纸行业为梁平县的传统行业，

纸厂大多建厂早，管网复杂，而造纸废水治理费用较高，由于利益驱动，纸厂会想方设法偷排漏排，因此对纸厂的环境监管是梁平县环境保护工作的重中之重，从2015年3月起，梁平县环境保护局对河流沿岸造纸厂及其他涉水企业进行了长达一个月的突击检查。2015年4月15日夜间发现了梁平县渝丰纸制品有限公司私设暗管排放污染物的违法行为。该公司位于重庆市梁平县屏锦镇龙溪村，持有工商营业执照，办理了环评并取得排污许可证。4月15日检查时该公司有一台1092型纸机、两台2400型纸机正在生产鞭炮纸。检查时在该公司污水处理站污泥池处发现了一根消防软管，软管一端连接于污泥收集池上的泄压管道口，另一端置于该公司废水总排放口（在线监测采样点）后的雨污混合排放管中，生产废水经雨污混合排放管外排入河。

4月15日现场检查当晚，执法人员经口头报告，立即在现场向该公司下达了《责令改正违法行为决定书》，依法责令其立即停止违法排污，并立即拆除连接于污泥收集池上泄压管道口的消防软管。4月16日执法人员对该公司违法行为改正情况进行了复查，该公司已对设置的消防软管进行了拆除，现场检查时无违法排污行为。

根据查明的事实，4月20日，梁平县环境保护局向其送达了《梁平县环境保护局行政处罚事先（听证）告知书》，告知其陈述申辩权和听证申请权。该公司在告知的期限内没有进行陈述申辩，也没有申请听证。依据《中华人民共和国水污染防治法》第七十五条第二款的规定，4月30日梁平县环境保护局对该公司作出了罚款10万元的行政处罚决定。

根据《中华人民共和国环境保护法》第六十三条第（三）项和《暂行办法》第五条的规定，梁平县环境保护局于4月16日将该案移送至梁平县公安局，公安局在初步审查后，认为环境保护局未对该公司作出行政处罚决定，要求补充移交行政处罚决定书及送达回执。4月30日，环境保护局在作出行政处罚决定后，将行政处罚决定书及送达回执补充移交至公安局，公安局在立案调查后，于6月18日对该公司涉及此次案件的直接当事人和环境保护负责人分别作出拘留7日和5日的行政处罚决定。

5月19日，梁平县环境保护局对该公司进行了后督察，发现该私设的排污管道已拆除，罚款已缴纳。

二、案件涉及的法律问题

（一）暗管的认定问题直接影响法律的具体适用

该公司此次偷排用的消防软管设置于地面上，属于临时用来排污的管道，《暂行办法》中第五条第（一）项：“暗管是指通过隐蔽的方式达到规避监管目的而设置的排污管道，包括埋入地下的水泥管、瓷管、塑料管等，以及地上的临时排污管道;”，该条规定对暗管的定义做了解释，即地上的临时排污管道也属于暗管。

根据查明的该公司私设暗管并排放污染物的违法事实，依据《中华人民共和国水污染防治法》第二十二条第二款：“禁止私设暗管或者采取其他规避监管的方式排放水污染物。”和《中华人民共和国水污染防治法》第七十五条第二款：“除前款规定外，违反法律、行政法规和国务院环境保护主管部门的规定设置排污口或者私设暗管的，由县级以上地方人民政府环境保护主管部门责令限期拆除，处二万元以上十万元以下的罚款；逾期不拆除的，强制拆除，所需费用由违法者承担，处十万元以上五十万元以下的罚款；私设暗管或者有其他严重情节的，县级以上地方人民政府环境保护主管部门可以提请县级以上地方人民政府责令停产整顿。”的规定，对其作出罚款拾万元的处罚决定法律适用准确。

（二）有污染物排放是移送拘留的前置条件

《行政主管部门移送适用行政拘留环境违法案件暂行办法理解与适用》（以下简称《理解与适用》）中对行政拘留移送适用情形做了如下解释：“如果已经修建了暗管、渗井、渗坑、灌注等设施，但有明确的证据证明行为尚未实际用于污染物排放，属于尚未实施逃避监管的行为，环境保护主管部门应当依法实施限期拆除或者强制拆除、罚款、停业整顿等处理措施，不能向公安机关移送。”。本案中该公司通过暗管将造纸废水排入了外环境，具备了移送的条件，但在实际工作中会遇到有暗管但无污染物通过暗管排放的情形，此类案件不适用《暂行办法》第五条，不能移送公安部门实施行政拘留，需特别注意。

（三）作出行政处罚决定是移送拘留的前置程序

梁平县环境保护局在收集完证据资料后及时将案件移交至梁平县公安局，但公安局认为环境保护局未作出处罚决定，不予进行立案。《理解与适用》对《暂行办法》第二条“本办法适用于县级以上环境保护主管部门或者其他负有环境保护监督管理职责的部门办理尚不构成犯罪，依法作出行政处罚决定后，仍需要移送公安机关处以行政拘留的案件。”作如下解释：“在实践中，对本《办法》规定的违法行为作出的处理虽不属于《行政处罚法》规定的处罚类型（如责令停止建设等不属于行政处罚的范畴），但只要有专门的文书，并加盖县级以上部门公章，应视为已作出行政处罚决定。”，在本案中，如果环境保护部门作出了责令改正违法行为决定，应视为作出行政处罚决定，公安部门应予以受理。

三、案件启示

在《中华人民共和国环境保护法》修订以前，法律法规未赋予环境保护部门移送行政拘留的权力，在违法行为发生后，违法者认为缴纳了罚款就能弥补对环境造成的危害，往往不能起到有效的震慑作用。正是为了改变这种现状，国家对《中华人民共和国环境保护法》进行了修订，第六十三条明确赋予了环境保护部门将案件移送公安机关实施行政拘留的权利。如何在执法工作中做好移送行政拘留，以本案为例，有以下几点启示：

（一）固定违法事实，明确适用拘留条件

行政拘留是对违法公民在短期内限制其人身自由的一种处罚措施，属于行政处罚的一种，是对尚未构成犯罪的一般违法行为给予的一种最为严厉的制裁，由此决定了这类行为只能由法律设定，行政法规、地方性法规、规章等都不能设定，新环境保护法设定时也对其适用条件作了严格限定，只适用第六十三条明确的四种情形。所以在工作中应注意明确这四类情形，在本案中私设暗管和利用暗管排放污染物是移送公安实施行政拘留的两个前置条件，缺一不可。

（二）积极开展联合执法，借用公安强制手段

《中华人民共和国环境保护法》适用行政拘留的这四种情形是对我国目前环境领域中存在的较为突出的问题作出的有针对性的规定，主观恶意较强，一般处罚难以制止。行政拘留最高期限为 15 日，符合法定情形的，对其直接负责的主管人员和其他直接责任人员，处 10 日以上 15 日以下拘留；情节较轻的，处 5 日以上 10 日以下拘留。由于涉及对公民人身自由的限制，因此行政拘留权只能由县级以上公安机关才能行使，这就需要环境保护部门加强与公安机关的工作联系，积极开展联合执法，联合打击环境违法行为。

（三）及时作出处罚决定，利于公安立案侦查

作出处罚决定是移送适用行政拘留的前置条件，这就要求环境保护部门在发现环境违法行为后要加大案件办理效率，环境行政处罚案件要求在立案之日起 3 个月内作出处罚决定，如果不注重办案效率就会，导致处罚决定时间过晚，此时再将案件移交公安，就会不利于公安机关搜集证据，及时对违法主体作出处罚决定。及时将案件移交至公安机关，就能及时让公安部门及早介入调查，及时对违法主体采取限制措施，达到震慑污染行为的目的。

（四）进一步统一认识，部门工作衔接待加强

本案涉及移送公安行政拘留，但因环境保护部门和公安机关对“作出行政处罚决定”的理解上意见不统一，因此当违法行为发生次日就移送时公安机关未予以立案，从及时制止污染行为的角度来看，本案《责令改正违法行为决定书》的及时下达已达到了效果，但从提高新环境保护法的震慑力和严厉打击环境违法行为来讲，往往在违法行为发生长达数月后行政处罚决定书才能得以下达，届时公安机关再予以立案，会降低新环境保护法的震慑力，达不到对环境违法行为当头棒喝的效果。尽管有《理解与适用》等书籍的解释，该市、县也在制度层面建立了联席会议等工作机制，公安部门与环境保护部门已经达成认可将责令整改决定书视为行政处罚决定，可以进行行政拘留立案，但具体到执行层面，由于部门对法律法规的理解认识不一致，故工作衔接尚不顺畅，工作合力尚未形成，存在“上热下冷”现象，只有进一步理顺环境保护行政执法与司法部门的高效衔接，新环境保护法与四个配套办法才可能真正变成一把快刀，发挥出最强大的威慑力。

湖北省仙桃市金伟新材料公司私设暗管排放污染移送行政拘留案

【案例提供单位】湖北省仙桃市环境保护局

【案例类型】移送行政拘留

【案例名称】湖北省仙桃市金伟新材料公司私设暗管排放污染移送行政拘留案

【主要违法行为】私设暗管，以规避监管方式违法排放污染物

【污染类型】水污染

【违法企业所属行业】化工业

【处罚及执行情况】移交公安机关进行行政拘留，公安机关对金伟新材料公司厂长周某、车间主任冯某实施行政拘留 10 天

【关键词】水污染、私设暗管、逃避监管、移送行政拘留

一、基本案情与审理过程

2015 年 1 月 21 日，湖北省仙桃市环境监察支队执法人员在对湖北金伟新材料有限公司西流河厂区进行现场环境监察时，发现该公司在线监控数据异样（pH 呈酸性）。随后，在厂区内污水处理池内发现一根长约 10 m，口径为 80 mm 型的临时软管，该软管直接接入工业园区雨水管网。监察执法人员经现场采样、取证、调查后，认定此行为属于私设暗管偷排。

监察执法人员当场要求工作人员立即停止违法排污行为，拆除外排废水的软管。2015 年 1 月 25 日，根据《行政主管部门移送适用行政拘留环境违法案件暂行办法》第七条第一款、第三款之规定，仙桃市环境保护局将此案依法移交仙桃市公安局。2015 年 1 月 26 日，仙桃市公安局在查明违法事实，锁定相关证据后，下达《行政处罚决定书》（仙公（治）行决字[2015]190 号），对金伟公司厂长周某、车间主任冯某做出了行政拘留 10 天的处罚决定。

2015 年 3 月 11 日，仙桃市环境保护局根据调查情况和现场取样的监测数据，对湖北金伟新材料有限公司处以 5 万元罚款的行政处罚（仙环罚[2015]8 号），现已执行到位。

二、案件涉及的法律问题

（一）违法行为的认定

问题：仙桃市环境保护局认定湖北金伟新材料有限公司私设暗管排放污染行为违法的法律依据是什么？

仙桃市环境保护局在厂区内污水处理池内发现一根长约 10 m，口径为 80 mm 型的临时软管，该软管直接接入工业园区雨水管网，该软管符合《行政主管部门移送适用行政拘留环境违法案件暂行办法》第五条对“暗管”的定义，“暗管是指通过隐蔽的方式达到规避监管目的而设置的排污管道，包括埋入地下的水泥管、瓷管、塑料管等，以及地上的临时排污管道”。

因此，湖北金伟新材料有限公司的上述行为符合《中华人民共和国环境保护法》第六十三条第（三）项“通过暗管、渗井、渗坑、灌注或者篡改、伪造监测数据，或者不正常运行防治污染设施等逃避监管的方式违法排放污染物的”情形，应承担相应的法律责任。

（二）处罚措施的适用

问题：仙桃市环境保护局将案件移送公安机关对有关人员处以行政拘留的法律依据是什么？

对于上述违法行为，《中华人民共和国环境保护法》第六十三条规定“由县级以上人民政府环境保护主管部门或者其他有关部门将案件移送公安机关，对其直接负责的主管人员和其他直接责任人员，处十日以上十五日以下拘留；情节较轻的，处五日以上十日以下拘留”。

依据上述法律责任条款，仙桃市环境保护局将此案件依法移交公安机关。仙桃市公安局对该公司厂长周某、车间主任冯某做出了行政拘留 10 天的处罚决定，符合上述法条规定的处罚幅度。

三、本案启示

对于“暗管”的理解不能简单地相对于“明管”来理解，不能简单地从形式上进行考虑，不能仅从法律的字面理解，而应从立法的目的及后果来考虑，私设暗管的目的在于规避监管方式，因此“暗管”应该理解为通过隐蔽的方式达到规避监管的目的而设置的管道。这也符合《行政主管部门移送适用行政拘留环境违法案件暂行办法》第五条对“暗管”的定义，“暗管是指通过隐蔽的方式达到规避监管目的而设置的排污管道”。

针对此类私设暗管的情形，环境保护执法部门可以依据《中华人民共和国环境保护法》第六十三条将案件移送公安机关，对违法排污者的直接负责的主管人员和其他直接责任人员采取行政拘留措施，通过更加严厉的人身处罚使违法排污者遵守有关环境保护法律，停止违法排污行为。

山东省枣庄市盈润化工公司
私设暗管排放污染移送行政拘留案

【案例提供单位】山东省枣庄市环境保护局

【案例类型】移送行政拘留

【案例名称】山东省枣庄市盈润化工公司私设暗管排放污染移送行政拘留案

【主要违法行为】私设暗管，以规避监管方式违法排放污染物

【污染类型】水污染

【违法企业所属行业】化工业

【处罚及执行情况】移交公安机关进行行政拘留，公安机关是否决定行政拘留处罚目前尚不明确

【关键词】水污染、私设暗管、逃避监管、移送行政拘留

一、基本案情与审理过程

2015 年 2 月 2 日晚，山东省枣庄市环境保护局执法人员对枣庄市盈润化工有限公司进行现场检查，发现该单位酸性废水通过水泵抽取，经厂区南侧管道向西流出厂界，厂外通过自设管道进入西南方向污水管网监测口，该废水是 2014 年年初试车时产生的废酸液储存在厂内水池，约 50 m^3。监测人员进行了现场采样，经枣庄市环境监测站监测该废水 pH 为 4.09（标准为 6～9），超标 1.91 倍；COD_{Cr} 浓度为 500 mg/L（标准为 60 mg/L），超标 7.33 倍；氨氮浓度为 109 mg/L（标准为 10 mg/L），超标 9.90 倍。2 月 4 日，枣庄市环境保护局执法人员再次对该单位进行现场检查，这时厂外管道已拆除，但发现该企业 1 600 t/a 溴靛蓝项目未进行环评审批，2013 年年中开始建设，2014 年年初建成，2014 年年初进行过试车。2014 年 7 月 18 日，枣庄市环境保护局环评科针对该企业 1 600 t/a 溴靛蓝项目未经批准擅自建设并投入运行的违法行为下达《环境违法行为限期改正通知书》（枣

环评改字[2014]27 号），要求该企业向有审批权的环境保护行政主管部门申请补办环评手续，未经环境保护部门批准同意前不得恢复生产。

枣庄市环境保护局执法人员针对该企业私设暗管、污水超标排放的违法行为制作了调查询问笔录，并进行立案查处。2 月 15 日，枣庄市环境保护局下达《行政处罚事先告知书》（枣环罚告字[2015]第 9 号）和《行政处罚听证告知书》（枣环听告字[2015]第 9 号），法定期限内企业未申请听证，3 月 3 日下达《行政处罚决定书》（枣环罚字[2015]第 9 号），根据《中华人民共和国水污染防治法》的相关规定，对该企业私设暗管排放污染物的违法行为罚款 10 万元，对污染物超标排放的违法行为罚款 3 000 元，共计做出 10.3 万元罚款的决定。

该企业通过暗管方式违法排放污染物的环境违法行为，根据《最高人民法院、最高人民检察院关于办理环境污染刑事案件适用法律若干问题的解释》的相关规定，尚不构成犯罪，根据《中华人民共和国环境保护法》第六十三条的相关规定，枣庄市环境保护局将该案件移交公安机关进行处理，办理了相关移交手续。

二、案件涉及的法律问题

（一）违法行为的认定

问题：枣庄市环境保护局认定枣庄市盈润化工有限公司私设暗管排放污染行为违法的法律依据是什么？

枣庄市盈润化工有限公司私设的暗管符合《行政主管部门移送适用行政拘留环境违法案件暂行办法》第五条对“暗管”的定义，“暗管是指通过隐蔽的方式达到规避监管目的而设置的排污管道，包括埋入地下的水泥管、瓷管、塑料管等，以及地上的临时排污管道”。因此，枣庄市盈润化工有限公司的上述行为符合《中华人民共和国环境保护法》第六十三条第（三）项“通过暗管、渗井、渗坑、灌注或者篡改、伪造监测数据，或者不正常运行防治污染设施等逃避监管的方式违法排放污染物的”情形，应承担相应的法律责任。

（二）处罚措施的适用

问题：枣庄市环境保护局将案件移送公安机关对有关人员处以行政拘留的法律依据是什么？

对于上述违法行为，《中华人民共和国环境保护法》第六十三条规定“由县级以上人民政府环境保护主管部门或者其他有关部门将案件移送公安机关，对其直接负责的主管人员和其他直接责任人员，处十日以上十五日以下拘留；情节较轻的，处五日以上十日以下拘留”。依据上述法律责任条款，枣庄市环境保护局将此案件依法移交公安机关。

三、本案启示

对于“暗管”的理解不能简单地相对于“明管”来理解，不能简单地从形式上进行考虑，不能仅从法律的字面理解，而应从立法的目的及后果来考虑，私设暗管的目的在于规避监管方式，因此“暗管”应该理解为通过隐蔽的方式达到规避监管的目的而设置的管道。这也符合《行政主管部门移送适用行政拘留环境违法案件暂行办法》第五条对“暗管”的定义，“暗管是指通过隐蔽的方式达到规避监管目的而设置的排污管道”。

针对此类私设暗管的情形，环境保护执法部门可以依据《中华人民共和国环境保护法》第六十三条将案件移送公安机关，对违法排污者的直接负责的主管人员和其他直接责任人员采取行政拘留措施，通过更加严厉的人身处罚使违法排污者遵守有关环境保护法律，停止违法排污行为。

浙江省嘉兴市嘉善县倪某树脂纽扣加工点渗坑排污移送行政拘留案

【案例提供单位】浙江省嘉兴市嘉善县环境保护局

【案例类型】移送行政拘留

【案例名称】浙江省嘉兴市嘉善县倪某树脂纽扣加工点渗坑排污移送行政拘留案

【主要违法行为】私设渗坑，以规避监管方式违法排放污染物

【污染类型】水污染

【违法企业所属行业】纽扣加工业

【处罚及执行情况】移交公安机关行政拘留，嘉善县公安局对倪某做出行政拘留12天的处理决定

【关键词】水污染、私设渗坑、逃避监管、移送行政拘留

一、基本案情与审理过程

2015年2月3日，浙江省嘉兴市嘉善县环境保护局执法人员在执法检查中发现位于西塘镇大舜塘南路的倪某树脂纽扣加工点在摇桶抛光过程中有废水产生，废水未配套污染防治设施，通过车间排放口直接排放东侧河道。采样监测数据显示：倪某树脂纽扣加工点排放口废水化学需氧量692 mg/L、氨氮6.80 mg/L、总磷0.454 mg/L、色度128倍、悬浮物261 mg/L（标准值为化学需氧量100 mg/L、氨氮15 mg/L、总磷0.5 mg/L、色度50倍、悬浮物70 mg/L）。

嘉善县环境保护局认为，倪某树脂纽扣加工点排放废水的沟为一般的泥沟，无防渗漏措施，从案件事实分析，涉嫌以规避监管方式违法排放污染物。2015年2月4日，嘉善县环境保护局正式对倪某下达了《行政处罚决定书》。依据《中华人民共和国水污染防治法》第七十五条第二款之规定，决定处罚款人民币3万

元。并依据《中华人民共和国环境保护法》第六十三条和《行政主管部门移送适用行政拘留环境违法案件暂行办法》第五条之规定，移送嘉善县公安局并建议对当事人采取行政拘留的强制措施。

处罚决定书等案卷材料送达后，嘉善县公安局也对倪某树脂纽扣加工点的环境违法行为进行了调查，并依法对负责人倪某做出行政拘留 12 天的处理决定。

二、案件涉及的法律问题

（一）违法行为的认定

问题：嘉善县环境保护局认定倪某树脂纽扣加工点渗坑排污行为违法的法律依据是什么？

倪某树脂纽扣加工点私设的渗坑符合《行政主管部门移送适用行政拘留环境违法案件暂行办法》第五条对“渗坑”的定义，“渗井、渗坑是指无防渗漏措施或起不到防渗作用的、封闭或半封闭的坑、池、塘、井和沟、渠等”。因此，倪某树脂纽扣加工点的上述行为符合《中华人民共和国环境保护法》第六十三条第（三）项“通过暗管、渗井、渗坑、灌注或者篡改、伪造监测数据，或者不正常运行防治污染设施等逃避监管的方式违法排放污染物的”情形，应承担相应的法律责任。

（二）处罚措施的适用

问题 1：嘉善县环境保护局将案件移送公安机关对有关人员处以行政拘留的法律依据是什么？

对于上述违法行为，《中华人民共和国环境保护法》第六十三条规定“由县级以上人民政府环境保护主管部门或者其他有关部门将案件移送公安机关，对其直接负责的主管人员和其他直接责任人员，处十日以上十五日以下拘留；情节较轻的，处五日以上十日以下拘留”。依据上述法律责任条款，嘉善县环境保护局将此案件依法移交公安机关。

问题 2：本案的处罚幅度是否适当？

《中华人民共和国环境保护法》第六十三条规定“由县级以上人民政府环境保护主管部门或者其他有关部门将案件移送公安机关，对其直接负责的主管人员和其他直接责任人员，处十日以上十五日以下拘留；情节较轻的，处五日以上十日以下拘留”。

本案中，嘉善县公安局对负责人倪某做出的行政拘留 12 天的处理决定符合“对其直接负责的主管人员和其他直接责任人员，处十日以上十五日以下拘留”的处罚幅度。

三、本案启示

对于“渗坑”的理解不能简单地从形式上进行考虑，不能仅从法律的字面理解，而应从立法的目的及后果来考虑，私设渗坑的目的在于规避监管方式，因此“渗坑”应该理解为通过隐蔽的方式达到规避监管的目的而设置的渗坑。这也符合《行政主管部门移送适用行政拘留环境违法案件暂行办法》第五条对“渗坑”的定义，“渗井、渗坑是指无防渗漏措施或起不到防渗作用的、封闭或半封闭的坑、池、塘、井和沟、渠等”。

针对此类私设渗坑的情形，环境保护执法部门可以依据《中华人民共和国环境保护法》第六十三条将案件移送公安机关，对违法排污者的直接负责的主管人员和其他直接责任人员采取行政拘留措施，通过更加严厉的人身处罚使违法排污者遵守有关环境保护法律，停止违法排污行为。

福建省尤溪县沈湖纸厂无证排污拒不停止移送行政拘留案

【案例提供单位】福建省尤溪县环境保护局

【案例类型】移送行政拘留

【案例名称】福建省尤溪县沈湖纸厂无证排污拒不停止移送行政拘留案

【主要违法行为】违反法律规定，未取得排污许可证排放污染物，被责令停止排污，拒不执行的

【污染类型】水污染

【违法企业所属行业】造纸业

【处罚及执行情况】福建省尤溪县环境保护局将案件移送尤溪县公安局，尤溪县公安局对沈湖纸厂 5 名股东处以行政拘留 5 日

【关键词】无证排污、拒不停止、移送行政拘留

一、基本案情与审理过程

2015 年 1 月 9 日，福建省尤溪县环境保护局现场检查发现沈湖纸厂在未取得排污许可证情况下非法排污，当场下达《停止排污决定书》，责令该企业立即停止生产。1 月 28 日，执法人员现场突击检查时发现沈湖纸厂擅自恢复生产，并排放生产废水。

2 月 9 日，尤溪县环境保护局将沈湖纸厂无证排污且拒不停止案件卷宗移送给尤溪县公安局。2 月 11 日尤溪县公安局对沈湖纸厂 5 名股东进行询问并制作询问笔录，次日正式对上述 5 名股东处以行政拘留 5 日。

二、案件涉及的法律问题

（一）违法行为的认定

问题：尤溪县环境保护局认定沈湖纸厂有违法行为的事实依据和法律依据是什么？

2015 年 1 月 9 日，尤溪县环境保护局现场检查发现沈湖纸厂未取得排污许可证排污，当场下达《停止排污决定书》，责令该企业立即停止生产。1 月 28 日，执法人员现场突击检查时发现沈湖纸厂擅自恢复生产，并排放生产废水。

沈湖纸厂的上述行为符合《行政主管部门移送适用行政拘留环境违法案件暂行办法》第四条第（一）项“送达责令停止排污决定书后，再次检查发现仍在排污的”情形，因此符合《中华人民共和国环境保护法》第六十三条第（二）项“违反法律规定，未取得排污许可证排放污染物，被责令停止排污，拒不执行的”情形，应承担相应的法律责任。

（二）处罚措施的适用

问题 1：尤溪县环境保护局将案件移送公安机关对有关人员处以行政拘留的法律依据是什么？

对于上述违法行为，《中华人民共和国环境保护法》第六十三条规定“由县级以上人民政府环境保护主管部门或者其他有关部门将案件移送公安机关，对其直接负责的主管人员和其他直接责任人员，处十日以上十五日以下拘留；情节较轻的，处五日以上十日以下拘留”。

依据上述法律责任条款，2 月 9 日，尤溪县环境保护局将沈湖纸厂无证排污且拒不停止案件卷宗移送尤溪县公安局。2 月 11 日，尤溪县公安局对沈湖纸厂 5 名股东进行询问并制作询问笔录，次日正式对上述 5 名股东处以行政拘留 5 日。

问题 2：本案将沈湖纸厂的 5 名股东认定为责任主体是否适当？

《中华人民共和国环境保护法》第六十三条规定应当对“直接负责的主管人员和其他直接责任人员”处以行政拘留，《行政主管部门移送适用行政拘留环境违法案件暂行办法》第九条进一步明确“‘直接负责的主管人员’是指违法行为主要获利者和在生产、经营中有决定权的管理、指挥、组织人员；‘其他直接责任人员’是指直接排放、倾倒、处置污染物或者篡改、伪造监测数据的工作人员等”。

本案涉案人员大致分为实施非法排污的主要获利者、企业负责人、一线生产工人三类。本案沈湖纸厂的违法行为主要是无证排污，并非排污行为本身超过法定标准。虽然环境保护部门已经下达《责令改正违法行为决定书》，但作为生产命令执行者的一线生产工人并不清楚其中的法律责任，在不知情的情况下执行企业负责人的指令，应认定不具有主观故意，不应承担责任。故应由知情但为获利继续排污的主体承担责任，即企业负责人及其他股东。

（三）程序问题

问题：尤溪县公安局应当承担何种程度的调查取证责任？

《行政主管部门移送适用行政拘留环境违法案件暂行办法》第十三条规定“公安机关经审查，认为案件违法事实不清、证据不足的，可以在受案后三日内书面告知案件移送部门补充移送相关证据材料，也可以按照《公安机关办理行政案件程序规定》调查取证”。

本案中，除受理尤溪县环境保护局移送的案卷材料之外，尤溪县公安局还于2 月 11 日对沈湖纸厂 5 名股东进行询问并制作询问笔录，次日正式对上述 5 名股东处以行政拘留 5 日。上述法条虽未明确规定公安机关在移送行政拘留案件中的调查取证责任，但鉴于环境保护部门的职责范围有限且公安机关处理行政拘留案件的经验更加丰富，本案中尤溪县公安局直接参与调查取证的做法值得肯定。

三、本案启示

在无证排污拒不停止案件中，排污行为本身并不必然超过法定标准。即使环境保护部门已下达《责令改正违法行为决定书》，不知情的企业有关人员不应承担责任，成为行政拘留的对象。可考虑由知情且为获利继续排污的主体承担责任，一般为企业负责人及其他股东，而不论这些主体是否实际参与排污行为。

在移送行政拘留案件中，公安机关办案需要的证据材料多于平时环境保护部门自身办理行政处罚案件所需的证据材料，有的超出了环境保护部门自身职责范围，取证过程较为困难。本案中尤溪县公安局直接参与调查取证的做法值得借鉴。应探索环境保护部门与公安部门的联合执法机制，通过双方的密切配合推动环境违法行为的高效处理。

内蒙古自治区巴彦淖尔市临河区两家小塑料厂无证排污拒不停止移送行政拘留案

【案例提供单位】内蒙古自治区巴彦淖尔市临河区环境保护局

【案例类型】移送行政拘留

【案例名称】内蒙古自治区巴彦淖尔市临河区两家小塑料厂无证排污拒不停止移送行政拘留案

【主要违法行为】未办理环境保护审批手续排放污染物，被强制关闭，拒不执行

【污染类型】大气污染与水污染

【违法企业所属行业】塑料加工制造业

【处罚及执行情况】移送临河区公安局行政拘留 12 天

【关键词】无证排污、拒不停止、移送行政拘留

一、基本案情与审理过程

王某、朱某 2 家小塑料厂位于内蒙古自治区巴彦淖尔市临河区城关镇建丰一社，生产设备简单、设施简陋，2014 年建厂时未办理环境保护审批手续，也无工商营业执照，属无证非法经营企业，其对周边环境也造成一定程度的污染。2014 年 8 月 5 日，巴彦淖尔市临河区环境保护局依据《巴彦淖尔市临河区人民政府研究取缔城郊塑料颗粒加工企业有关事宜专题会议纪要》[（2014）40 号]有关要求，联合临河区公安局、城管执法局、消防大队、工商局和供电局等部门，采取断电措施，依法进行了强制关闭。2015 年 3 月 3 日，环境保护部门在环境监察执法检查中发现，王某、朱某擅自接通电源恢复生产，生产过程中产生的废水、废气未经处理直接排放。

巴彦淖尔市临河区环境保护局对王某、朱某 2 家小塑料厂擅自接通电源恢复生产的违法行为，启动了立案调查程序，查实 2 家小塑料厂负责人没有执行政府

下达取缔的决定，逃避环境监察执法监管，存在屡停屡开现象。2015 年 3 月 23 日，巴彦淖尔市临河区环境保护局就已取缔的王某、朱某 2 家小塑料厂“死灰复燃”案件，根据《行政部门移送适用行政拘留环境违法案件暂行办法》有关规定，向临河区公安局移送。临河区公安局受理后，经审核同意立案。3 月 27 日和 28 日王某、朱某两名责任人分别被公安机关依法行政拘留，执行期限 12 天，现已执行完毕。

二、案件涉及的法律问题

（一）违法行为的认定

王某、朱某 2 家小塑料厂 2014 年建厂时未办理环境保护审批手续，未经处理直接排放生产过程中产生的废水、废气。2014 年 8 月 5 日巴彦淖尔市临河区环境保护局联合临河区公安局、城管执法局、消防大队、工商局和供电局等部门，采取断电措施依法强制关闭，2015 年 3 月 3 日环境保护部门在环境监察执法检查中发现，王某、朱某擅自接通电源恢复生产，继续未经处理直接排放生产过程中产生的废水、废气。

王某、朱某 2 家小塑料厂的上述行为符合《行政主管部门移送适用行政拘留环境违法案件暂行办法》第四条第（一）项“送达《责令停止排污决定书》后，再次检查发现仍在排污的”情形，因此符合《中华人民共和国环境保护法》第六十三条第（二）项“违反法律规定，未取得排污许可证排放污染物，被责令停止排污，拒不执行的”情形，应承担相应的法律责任。

（二）处罚措施的适用

对于上述违法行为，《中华人民共和国环境保护法》第六十三条规定“由县级以上人民政府环境保护主管部门或者其他有关部门将案件移送公安机关，对其直接负责的主管人员和其他直接责任人员，处十日以上十五日以下拘留；情节较轻的，处五日以上十日以下拘留”，《行政主管部门移送适用行政拘留环境违法案件暂行办法》第九条进一步明确“‘直接负责的主管人员’是指违法行为主要获利者和在生产、经营中有决定权的管理、指挥、组织人员；‘其他直接责任人员’是指直接排放、倾倒、处置污染物或者篡改、伪造监测数据的工作人员等”。

依据上述法律责任条款，巴彦淖尔市临河区环境保护局于 2015 年 3 月 23 日将本案移送临河区公安局。临河区公安局受理后，经审核同意立案。3 月 27 日和 28 日王某、朱某两名直接负责的主管人员分别被公安机关依法行政拘留，执行期限 12 天。

三、本案启示

在环境执法过程中，部分违法排污者被依法责令停止排污，甚至被依法强制关闭排污设施后依然千方百计的逃避监管，继续生产经营并排放污染物。针对这种情形，环境保护执法部门可以依据《中华人民共和国环境保护法》第六十三条将案件移送公安机关，对违法排污者的直接负责的主管人员和其他直接责任人员采取行政拘留措施，通过更加严厉的人身处罚使违法排污者遵守有关环境保护法律，停止违法排污行为。

第五部分

涉嫌环境污染犯罪

温州市“4·15”医疗废物非法处置案

【案例提供单位】浙江省温州市环境保护局

【案例类型】污染环境罪

【案例名称】温州市“4·15”医疗废物非法处置案

【主要违法行为】无相关许可资质，擅自收集、储存和处置医疗危险废物

【污染类型】固体危险废物污染

【违法企业所属行业】塑料工业

【处罚及执行情况】2014年4月14日，温州市环境保护局接到鹿城区环境保护局报告：有举报人向该局及温州日报热线同时反映鹿城区藤桥镇某村一民房内藏有大量针管、输液瓶、注射器等医疗废物。2014年4月15日上午，温州市环境保护局立即在温州市环境监察支队召开专题会议，抽调支队重案大队、市固废中心、鹿城区环境保护局监察大队等8名人员，会同鹿城区公安局人员组成医废专案组，全力侦办此案件。经深入调查，涉案人员在鹿城、瓯海、永嘉及青田温溪一带收购医疗废物，并在藤桥镇的民房内由工人进行分类、粉碎、晾晒、装袋后，出售给平阳、瑞安等地的企业或市场进一步加工，最终形成产品在市场流通。公安机关于2014年5月21—23日成功抓捕6名犯罪嫌疑人归案，现场查获医疗废物44.54 t，根据最高人民法院、最高人民检察院《关于办理环境污染刑事案件适用法律若干问题的解释》第一条第（二）项，温州市鹿城区人民检察院对本案提起公诉，并由温州市鹿城区人民法院对涉案6人做出刑事判决，收缴的医疗废物由温州市环境保护局委托有资质的单位进行处置以消除环境影响

【关键词】危险废物、环境保护公安联动

一、基本案情与查处过程

（一）现场调查，了解情况

为全面了解案件情况，4月15日下午，专案组人员立即奔赴藤桥镇某村开展

乔装踩点、侦查工作。现场发现，涉案点为藤桥镇某村，是 3 间相连的民房。现场门前的大铁门紧锁着，透过门缝，隐约可见院子里堆着一些装满物品的绿色编织袋，房子里有人走动及剪东西的声音，民房前是进出村子的唯一一条 3 m 宽通道上桥路，道路上有公安监控。民房后的院子连着田野，一面高墙被拆临时推倒，但尚未完全拆除，整堵墙上部分斜在院子里，剩余的部分还有近一人高。

（二）蹲点守候，跟踪侦办

掌握现场的基本情况后，专案组决定分为两个小组，轮流进行 24 小时无间隙的蹲守、跟踪调查。每天清晨 5 点半到民房旁开始蹲守，并紧紧追踪收货小四轮的活动情况。

经过连续跟踪调查，专案组全面了解了案件情况：曹某以藤桥镇某村的加工点为中心，在鹿城、瓯海、永嘉及青田温溪一带收购混合的医用输液瓶、输液袋、输液管、一次性注射器及塑料药瓶等。收购的医疗废物在藤桥的民房内由工人进行分类，输液管、输液袋分类后经粉碎、晾晒后装袋，输液瓶、输液控制阀、塑料药瓶及一次性注射器分类后直接包装。然后分别出售给平阳某村的某鞋材加工厂和某塑料市场××号的加工经营商。平阳县某鞋材加工厂将输液管、输液袋粉碎颗粒混合在树脂、丁酯等原料中加工成鞋底用的塑料粒子，出售给鞋底厂或鞋厂。某塑料市场××号的加工经营商将购买的医疗废物进行粉碎，分类为 ABS、聚丙烯、聚氯乙烯等，然后出售给客户用于制造墙壁塑料开关、塑料袋等。

（三）实施抓捕，全面收网

历时一个多月的跟踪侦察，专案组基本掌握了这条医疗废物流出、加工、生产的黑色产业链，并开始组织部署抓捕工作。2014 年 5 月 21 日 16 时，在曹某将晾晒后的医疗废物颗粒运回民房时，抓捕人员当场将曹某夫妇及在现场加工的 4 名工人抓捕并带到公安局进行审问。环境保护人员在现场开展勘察、取样、拍照、摄像等取证工作，现场取样 9 份，随后现场的疑似医疗废物委托有资质的处置单位进行暂时扣押，经过磅称重后为 9.43 t，取证、清运过程全程摄像。当天 18 时许，抓捕人员赶赴平阳某鞋材加工厂开展抓捕工作，公安现场带走 2 名涉案嫌犯，环境保护人员在现场取证后，暂扣的疑似医疗废物经过磅称重后为 9.36 t。5 月 23 日公安机关又对某塑料加工经营点开展抓捕，当场带走 2 名涉案嫌犯，暂扣的疑似医疗废物经过磅称重后为 25.75 t。至此，整个非法处置医疗废物案成功告破。

（四）及时通报，完善职责

此案中涉嫌向曹某出售医疗废物的医疗卫生机构共 36 家，分别是鹿城区 10 家，瓯海区 9 家，永嘉县 13 家，丽水市青田县 4 家。涉嫌向曹某出售医疗废物的废品收购站 10 家。为进一步落实相关部门监管职能，2014 年 6 月 3 日温州市环境保护局分别向温州市卫生局函告了《关于建议对医疗卫生机构切实加强和规范医疗废物管理的函》（温环函[2014]180 号），向丽水市环境保护局函告了《关于青田县医疗卫生机构非法处置医疗废物的情况通报》（温环函[2014]183 号），向温州市商务局和温州市信用合作社函告了《关于建议加强和规范废品收购站管理的函》（温环函[2014]181 号），向温州市市场监督管理局函告了《关于建议加强和规范塑料市场经营活动管理的函》（温环函[2014]182 号），建议相关监管部门加强管理，举一反三，采取有效措施，规范市场，杜绝此类现象再次发生。

（五）强化联动，成功判决

此案是温州市首起危险废物非法处置案，案件移送公安机关后，环境保护部门积极配合公安补充危险废物鉴定、确定数量等相关证据，温州日报于 2014 年 5 月 26—29 日连续专题报道了破案过程。此后浙江新闻网、浙江在线、人民网、网易新闻中心及腾讯网都转载了相关内容，引起了社会的广泛关注。中央电视台《焦点访谈》栏目在网上得知信息后，于 2014 年 6 月 12—14 日来温州进行专题采访，2014 年 6 月 28 日中央电视台《焦点访谈》栏目播出了《医疗废物去哪儿了》节目，对案件侦办进行了专题报道。

2015 年 1 月 14 日下午鹿城区人民法院对这起轰动一时的污染环境案进行远程宣判，相关的 6 名被告人均被判刑，其中：

主犯曹某被判有期徒刑二年，并处罚金 3 万元；陈某（曹某的妻子）被判其有期徒刑一年，缓刑一年六个月，并处罚金 2 万元；项某（某塑料市场经营户）被判有期徒刑一年三个月，并处罚金 1.5 万元；夏某（平阳县某鞋材加工厂）被判有期徒刑八个月，并处罚金 1 万元；夏甲（夏某的儿子）被判有期徒刑六个月，并处罚金 5 000 元；夏乙（夏某的侄子）被判有期徒刑八个月，并处罚金 8 000 元。

二、案件涉及的法律问题

在案件的调查过程中，专案组遇到许多案件涉及的法律问题，如：危险废物的认定、非法处置行为的认定、环境影响的认定、主观故意的认定、如何处理出售医疗废物的医疗机构等，专案组积极咨询检察院、法院及相关法律专家的意见，并将相关问题请示省公安厅和省环境保护厅，2014 年 5 月 16 日浙江省高级人民法院、浙江省人民检察院、浙江省公安厅和浙江省环境保护厅联合印发了《关于办理环境污染刑事案件若干问题的会议纪要》（浙检发侦监字[2014]7 号，以下简称《纪要》），及时解决法律障碍。

（一）如何认定医疗废物（或危险废物）

危险废物的认定问题是专案组开始调查时争论的焦点：环境保护部门认为使用过的针头、针管及输液管等一次性医疗用品和一次性医疗器械属《国家危险废物名录》第一大类（HW01）的医疗废物，因此曹某收集的废物就是危险废物。公安部门认为曹某收集的废物必须要经过有资质单位的监测或鉴定，出具书面的危险废物鉴定结果，才能作为公诉机关的法庭证据。

解决方案：专案组收到《纪要》后，及时与检察院、法院沟通协商，最终达成的一致意见是：根据《纪要》中关于规范环境保护取证的规定："对列入《国家危险废物名录》、《医疗废物分类目录》的废物，可由环境保护部门依目录直接认定，并出具书面意见"。本案的危险废物认定由温州市环境保护局直接出具书面认定意见，但必须有相关的视频、照片（跟踪调查）辅助证明其为使用过的针头、针管及输液管等一次性医疗用品和一次性医疗器械。

（二）如何认定非法处置

《最高人民法院、最高人民检察院关于办理环境污染刑事案件适用法律若干问题的解释》（以下简称《"两高"解释》）第一条规定：实施刑法第三百三十八条规定的行为，具有下列情形之一的，应当认定为"严重污染环境：（二）非法排放、倾倒、处置危险废物三吨以上的"。前期蹲守、跟踪调查中发现本案相关当事人没有"非法排放、倾倒"医疗废物的行为，如何认定其为"非法处置"？

解决方案：藤桥点的曹某、陈某对收集来的医疗废物进行分类、粉碎、清洗后出售给他人；某塑料市场的项某伙同舒某（另案处理）从曹某等人处购得一次性输液器、输液管流量控制器、ABS 针头等医疗废物，并在瑞安市某地对医疗废物进行粉碎、分离，用于出售；平阳县某鞋材加工厂经营者从曹某等人购得医疗废物运至加工厂用于鞋材加工。上述当事人均无资质及相关污染防治措施对医疗废物进行过加工，已改变其物理或化学属性，可以认定其行为属"非法处置"。

（三）如何认定造成的环境影响或环境污染

本案曹某收集的医疗废物因来源复杂，无法检测其含传染病病原体，更无法检出其含重金属、持久性有机污染物等有毒有害物质，如何认定其“严重污染环境”？

解决方案：《中华人民共和国刑法》第三百三十八条规定的“污染环境罪”既包括“结果犯”也包括“行为犯”，《“两高”解释》第一条的第一至五项情形为“行为犯”，即“（二）非法排放、倾倒、处置危险废物三吨以上的”为“行为犯”，只要具有上述行为就应当认定为“严重污染环境”。

（四）如何认定主观故意性

如何在取证及证人、当事人的谈话询问笔录中反映其主观故意性是案件收网后的关键问题。

解决方案：曹某等人在谈话询问笔录中知道上门进行收购的各医疗机构均已分别与该市的两家有资质的医疗废物处置单位签订委托处置协议，但仍然定期上门收购医疗废物，应当认定为“主观故意”。瑞安的项某和平阳的夏某等人谈话询问笔录中知道曹某收购的为医疗废物，仍然多次亲自派车上门购买，且购买价格明显低于市场合法的同类塑料价格，从中获利，应当认定为“主观故意”。

（五）如何处理出售医疗废物的医疗机构

本案涉及的向曹某出售医疗废物的农村卫生室、社区卫生服务站、诊所等共有 30 多家，均已分别与该市有资质的医疗废物处置单位签订委托处置协议，但仍将使用过的针头、针管及输液管等一次性医疗用品和一次性医疗器械出售给无资质的曹某，从中获利，行为相当恶劣，该如何处理？

解决方案：上述医疗机构明知医疗废物属危险废物，出售行为属明显的“主观故意”，但跟踪调查中发现各医疗机构每月出售给曹某的医疗废物不到 50 kg，从 2013 年 6 月 19 日《“两高”解释》实施到 2014 年 5 月总共不到一年时间，各医疗机构出售的医疗废物未达到 3 t，且曹某的每次收购交易均为当场现金支付，不能获取证据进行累计，因此无法追究其刑事责任。温州市环境保护局根据《中华人民共和国传染病防治法》和《医疗废物管理条例》等规定，将相关情况通报给温州市卫生局，建议加强和规范各医疗机构的医疗废物管理，消除源头隐患。

三、案例启示

《“两高”司法解释》颁布后，温州市公安和环境保护人员不等不靠，坚持沟通协调、边干边学，重拳出击，向污染全面宣战。2013 年 6 月 19 日—2015 年 6 月 30 日，温州市环境保护系统共向公安部门移送环境涉刑案件 450 件，刑拘 711 人。

一是领导重视，加强联动。温州市在 2008 年就开始尝试环境涉刑案件的移送工作，2012 年温州市环境保护局多次与公安部门沟通协调，争取公安部门对环境执法工作的支持配合，建立了环境保护、公安环境执法联动协作机制，并成立公安驻环境保护联络室。《“两高”司法解释》颁布后，温州市环境保护局立即联合市公安局组织基层环境保护、公安办案人员开展多次的专题学习，邀请法院、检察院的法律专家对《“两高”司法解释》进行解读，举办环境保护勘察、公安侦查等业务培训。2014 年 1 月温州环境监察支队专门成立环境保护重案大队，2014 年 3 月温州市公安局挂牌成立了食品药品与环境犯罪侦查支队，抽调专职人员直接对接环境污染犯罪案件工作。

二是提前介入，及时沟通。环保、公安在案件办理中沟通及时、配合得力。公安部门在环境保护部门的初期线索确定后就主动提前介入，共同组成专案组联合侦查。证据收集阶段公安部门充分发挥技术侦查手段优势，负责人员、车辆综合分析，环境保护部门发挥环境保护专业优势，负责生产工艺、污染物性质调查，及时沟通信息，并联合向检察院和法院咨询、协调案件的难题，确保证据的合法性、有效性及全面性，提高办案质量。

三是转变观念，创新方法。专案组环境执法人员改变以往的日常巡查、打击取缔等常规的行政执法检查手段，加强机动执法、夜间执法、蹲守执法，谨防打草惊蛇。运用乔装侦查、蹲点守候及跟踪追查等综合手段，在收网前期充分收集犯罪证据，做实做细案件收网的前期准备工作，确保现场抓捕时取证合法性、有效性及证据链的完备性，为后期的公安审讯及法庭审判提供完善的法律和犯罪事实依据。

温州市环境保护、公安联动取得的成绩十分突出，但在办理涉刑环境违法案件的过程中，也发现了一些问题。如：环境保护、公安与检察院、法院在涉刑案件上的证据确定、移交手续等存在差异，可能因证据不完善致使案件停滞；司法鉴定机构不足，政府部门鉴定资金没有保障，造成部分案件办理困难；违法行为趋于隐蔽，传统的环境执法方式较难发现问题；法律意识的淡薄，致使部分企业主仍然在铤而走险等。面对这些问题，下阶段建议做好如下工作：

首先，要进一步完善环境保护与公检法之间的工作机制建设。打击涉刑环境违法犯罪行为是一个系统工作，环境保护、公安联动是前期，加强与检察院和法院的联动，才是案件得到处理的关键。要打破原来单线联动的壁垒，加强环境保护与公安、检察院、法院四家单位的机制联动，形成串联、闭环关系，加强案件办理前期和过程的工作交流，环环相扣，消除办理过程中的证据缺失、手续不全等问题，确保违法行为得到法律的严惩。

其次，建议加强鉴定机构建设和资金保障。全国危险废物的鉴定机构比较缺乏，鉴定体系的不完善造成了部分环境污染犯罪案件办理出现“瓶颈”。面对现在全国掀起的打击环境犯罪热潮，鉴定体系的完善已迫在眉睫。国家应从上层设计，加强鉴定机构的树形构造，建立完善的鉴定机构网络，满足办案证据认定快、准、简的要求。同时，鉴定资金的保障也是确保行政部门办理案件的关键，单靠日常经费无法保障动辄上万元的鉴定经费。必须要把办理环境污染犯罪案件的鉴定经费作为财政专项经费予以保障，确保案件办理无后顾之忧。

再次，要改变执法方式，规范案件办理。随着打击力度的加强，违法行为由明转暗，作案隐蔽性大幅度提高，原有的日常巡查已经无法满足新形势下的工作要求。环境保护部门必须打破原有的固定执法模式，从执法方式和执法时间上寻求突破。要学习公安办案的先进经验，加强案件的事先摸排，通过暗访收集证据，通过跟踪固定证据。要加强“线人”的培养，延伸监管的触角，拓宽信息收集的渠道。执法过程中，要加强机动执法频次，通过夜间执法、“守株待兔”式蹲守执法等方式，提高办案效率，谨防打草惊蛇。在案件的办理过程中，环境保护部门必须要加强证据固定，严格按照相关要求，规范案件移交材料和移交程序，切忌因证据不足或不规范造成案件移交检察机关后的停滞和撤销。

最后，还要加大打击环境污染犯罪的宣传力度。《“两高”司法解释》出台后，温州市专门印制宣传册予以印发，并多次组织企业主到环境污染犯罪案件的庭审进行旁听受教，多数企业主对构成污染环境罪的几种违法行为仍停留在模糊的概念上，更不用说文化程度低，法律意识弱的非法企业主。因此，必须要扩大宣传面，通过电视传媒、报纸新闻、微博微信等多渠道、多角度以专题形式进行宣传，营造社会舆论氛围，提高全民环境保护意识，从心理层面震慑非法企业主，让环境污染犯罪行为无处遁形。

浙江省温州市鹿城区人民法院

刑 事 判 决 书

(2014) 温鹿刑初字第 1863 号

公诉机关浙江省温州市鹿城区人民检察院。

被告人曹某，男，19××年×月×日出生于浙江省温州市，公民身份号码×××，汉族，小学，无业，住温州市×××。因本案于 2014 年 5 月 22 日被刑事拘留，同年 6 月 27 日被逮捕。现羁押于温州市某看守所。

辩护人许某，北京某律师事务所律师。

被告人陈某，女，19××年×月×日出生于浙江省温州市，公民身份号码×××，汉族，小学，无业，住温州市××××。因本案于 2014 年 5 月 22 日被刑事拘留，同年 6 月 27 日被逮捕。现羁押于温州市某看守所。

辩护人姜某，北京某律师事务所律师。

被告人项某，女，19××年×月×日出生于浙江省瑞安市，公民身份号码×××，汉族，初中文化，个体户，住瑞安市×××。因本案于 2014 年 5 月 24 日被刑事拘留，同年 6 月 27 日被逮捕。现羁押于温州市某看守所。

辩护人方某，浙江某律师事务所律师。

辩护人程某，浙江某律师事务所律师。

被告人夏甲，男，19××年×月×日出生于浙江省某市，公民身份号码×××，汉族，小学文化，某鞋材加工厂老板，住瑞安市×××。因本案于 2014 年 6 月 4 日被取保候审，同年 11 月 3 日经本院决定被逮捕。现羁押于温州市某看守所。

辩护人刘某，北京市某律师事务所律师。

被告人夏乙，曾用名夏某，男，19××年×月×日出生于浙江省某市，公民身份号码×××，汉族，高中文化，某鞋材加工厂管理人员，住瑞安市×××。因本案于 2014 年 6 月 4 日被刑事拘留，同年 6 月 27 日被逮捕，同年 9 月 4 日被取保候审，同年 11 月 3 日经本院决定被逮捕。现羁押于温州市某看守所。

被告人夏丙，男，19××年×月×日出生于浙江省某市，公民身份号码×××，汉族，高中文化，某鞋材加工厂管理人员，住瑞安市×××。因本案于2014年5月22日被取保候审，同年11月3日经本院决定被逮捕。现羁押于温州市某看守所。

温州市鹿城区人民检察院以鹿检未检刑诉[2014]1062号起诉书指控被告人曹某、陈某、项某、夏甲、夏乙、夏丙犯污染环境罪，于2014年10月27日向本院提起公诉。本院于同年11月3日立案，适用普通程序，并依法组成合议庭，公开开庭审理了本案。温州市鹿城区人民检察院指派检察院吴某出庭支持公诉。被告人曹某、陈某、项某、夏甲、夏乙、夏丙及辩护人许某、姜某、方某、程某、刘某到庭参加诉讼。现已审理终结。

温州市鹿城区人民检察院指控，2013年5月至2014年5月，被告人曹某先后到本市鹿城区、瓯海区、永嘉县等地私人诊所、废品回收站，收购一次性输液器、输液管等医疗废物，而后伙同被告人陈某在藤桥镇某地雇佣他人非法处置医疗废物52.759 t，于2014年5月21日被查获9.43 t医疗废物。

2013年6月至2014年4月，被告人项某伙同舒某（另案处理）在瑞安市塑料市场××号经营塑料粒子时，先后从被告人曹某等人处购得一次性输液器、输液管流量控制器、ABS针头等医疗废物，并雇佣他人对医疗废物进行粉碎、分离后出售，2014年5月23日被查获25.75 t医疗废物。

被告人夏甲系平阳县某鞋材加工厂经营者，被告人夏乙、夏丙系该厂管理人员。2014年4月底至5月初，被告人夏甲先后两次向被告人曹某购买输液管等医疗废物，并分别由被告人夏乙、夏丙将该些医疗废物运至加工厂用于鞋材加工。2014年5月21日被查获9.36 t医疗废物。

上述事实，公诉机关提供了相应证据。据此认定被告人曹某、陈某、项某、夏甲、夏乙、夏丙的行为均已构成污染环境罪，其中被告人陈某系从犯且有坦白情节，被告人夏甲、夏丙有自首情节，被告人项某、夏乙有坦白情节，提请依照《中华人民共和国刑法》第三百三十八条、第二十七条、第六十七条第一、三款之规定予以处罚。

被告人曹某表示自愿认罪，但辩称妻子陈某未参与处置医疗废物。

辩护人许某提出认定曹某非法处置医疗废物52.759 t证据不足，且没有司法鉴定机构出具的鉴定意见，仅凭环境保护局出具的认定说明无法证明该些废物系医疗废物。

被告人陈某对起诉书指控事实没有异议并表示自愿认罪。

辩护人姜某提出陈某犯罪情节显著轻微，不应认定为犯罪。

被告人项某对起诉书指控事实没有异议并表示自愿认罪。

辩护人方某、程某提出项某在共同犯罪中作用小，应认定从犯，且在公安机关一般性排查阶段主动供述罪行，系自首，请求法庭从轻处罚。

被告人夏甲对起诉书事实没有异议并表示自愿认罪。

辩护人刘某提出被告人夏甲有自首情节，主观恶性较小，请求法庭从轻处罚。

夏乙、夏丙对起诉书事实没有异议并表示自愿认罪。

经审理查明：

2013 年 5 月至 2014 年 5 月，被告人曹某到本市鹿城区、瓯海区、永嘉县等地私人诊所、废品回收站，收购一次性输液器、输液管等医疗废物，而在位于本区藤桥镇某村的家中，雇佣刘某、孙某、田某、谢某对医疗废物进行分类、粉碎、清洗后出售给他人。被告人陈某帮忙晾晒、装袋、称量医疗废物等。期间，二被告人共非法处置医疗废物 52.759 t。2014 年 5 月 21 日下午，鹿城区环境监察大队、鹿城区公安分局执法人员在上述地点现场查获医疗废物 9.43 t，其余均已出售给他人。

2013 年 6 月至 2014 年 4 月，被告人项某伙同舒某（另案处理）在瑞安市某塑料市场经营塑料粒子销售业务期间，先后从被告人曹某等人处购得一次性输液器、输液管流量控制器、ABS 针头等医疗费用，并雇佣段某在瑞安市某地对医疗废物进行粉碎、分离，用于出售。2014 年 5 月 23 日下午，温州市环境监察支队、鹿城区公安分局执法人员在上述地点现场查获医疗废物共计 25.75 t。

被告人夏甲系平阳县某鞋材加工厂经营者，被告人夏乙、夏丙系该厂管理人员。2014 年 4 月底至 5 月初，被告人夏甲经电话联系向被告人曹某购买输液管，并分别由被告人夏乙、夏丙将输液管从被告人曹某家中运至加工厂用于鞋材加工。2014 年 5 月 21 日，温州市环境监察支队、鹿城区公安分局执法人员在上述地点现场查获医疗废物共计 9.36 t。

上述查获的一次性医疗废物均属《国家危险废物名录》第一大类 HW01 的医疗废物。

案发后，被告人夏甲、夏丙于2014年6月4日向公安机关自动投案。

上述事实，有公诉机关提交，并经法庭质证、认证的5被告人在侦查阶段的供述、证人谢某、田某、刘某、孙某、曹某、段某、木某、陈某、郭某、林某的证言、辨认笔录、扣押物品清单、医疗废物照片、过磅清单、银行卡交易明细、医疗废物认定说明、国家危险废物名录、危险废物鉴别标准、危险废物经营许可证、组织代码证、营业执照、道路运输经营许可证、个体工商登记情况、情况说明、工资清单、现场查获录像、归案经过、人口信息等证据证实。

关于被告人曹某提出被告人陈某没有参与处置医疗废物的辩解意见。经查：1. 被告人曹某、陈某在侦查阶段均供认被告人曹某负责收购和出售医疗废品，被告人陈某负责帮忙晾晒、装车等；2. 证人谢某、田某、刘某、孙某的证言均称在清洗完医疗废物后，由被告人曹某、陈某进行晾晒、装袋等；3. 被告人夏乙供认被告人陈某曾带其对所售医疗费用进行过磅称重。综上所述，足以证明被告人陈某参与非法处置医疗废物的事实。被告人曹某的辩解意见不予采纳。

关于辩护人许某提出被告人曹某对于普通废物和医疗废物均有收购，无法认定工人非法处置的52.759 t均为医疗废物的辩护意见。经查：1. 证人谢某、田某、刘某、孙某的证言均称被告人曹某仅对他们处理的输液管按每斤0.65元的价格计算工资，其他废物不用他们处理；2. 根据工资清单的记载，证明谢某、田某、刘某、孙某4人共处理了52.759 t的情况。综上所述，足以证明谢某、田某、刘某、孙某处理的52.759 t均系医疗废物输液管，不包括普通废物的事实。故上述辩护意见不予采纳。

关于辩护人许某提出没有司法鉴定机构出具的鉴定意见，仅凭环境保护局出具的认定说明无法证明该些医疗废物系危险废物的辩护意见。本院认为，根据《国家危险废物名录》，即可确认医疗废物属于危险废物中第一大类“HW01 医疗废物”，并非专门性且难以确定的问题，故没有必要出具鉴定意见或检验报告。上述辩护意见不予采纳。

关于辩护人姜某提出被告人陈某犯罪情节显著轻微，不应认定犯罪的辩护意见。本院认为，被告人陈某在明知被告人曹某收购的是医疗废物的情况下仍在加工、出售时予以帮忙晾晒、过磅，2人共同处置的医疗废物总计达52.759 t，不宜认定犯罪情节显著轻微。

关于辩护人方某提出被告人项某系从犯的辩护意见。本院认为，被告人项某与舒某是夫妻关系，舒某负责购买医疗废物，被告人项某负责将加工后的医疗废物予以出售，二人在共同犯罪中只是分工不同，不宜区分主从犯。故上述辩护意见不予采纳。关于提出被告人项某在公安机关一般性排查时主动供述罪行，具有自首情节的辩护意见。经查，温州市环境监察支队将被告人项某位于某地的医疗废物加工点及塑料市场××号的销售门店查处后，又以购买货品、配合调查为由通知项某，被告人项某至销售门店后被随即赶来的公安人员抓获。本院认为，被告人项某系在环境监察大队查获了其两处医疗废物加工、销售点后，公安机关有合理怀疑其可能涉嫌污染环境罪并被抓获的情况下，才交代了自己的犯罪事实，故不应认定自动投案。

本院认为，被告人曹某、陈某、项某、夏甲、夏乙、夏丙违反国家规定，非法处置危险废物 3 t 以上，严重污染环境，其行为均已构成污染环境罪，应予惩处。公诉机关的指控成立。鉴于被告人陈某在共同犯罪中起辅助作用，系从犯，应依法从轻处罚；被告人夏甲、夏丙犯罪后能自动投案，并如实供述自己的罪行，系自首，被告人陈某、项某、夏乙归案后能如实供述自己的罪行，系坦白，均可依法从轻处罚。辩护人就上述理由发表的辩护意见予以采纳。公诉机关建议判处被告人曹某有期徒刑八个月至一年；被告人陈某有期徒刑六个月至十个月；被告人项某拘役六个月至有期徒刑八个月；被告人夏甲、夏乙、夏丙拘役四个月至六个月的量刑意见偏轻，均不予采纳。根据《中华人民共和国刑法》第三百三十八条、第二十五条第一款、第二十七条、第六十七条第一、第三款及最高人民法院、最高人民检察院《关于办理环境污染刑事案件适用法律若干问题的解释》第一条第（二）项之规定，判决如下：

一、被告人曹某犯污染环境罪，判处有期徒刑二年，并处罚金人民币 30 000 元。

（刑期从判决执行之日起计算。判决执行以前先行羁押的，羁押一日折抵刑期一日。即自 2014 年 5 月 22 日起至 2016 年 5 月 21 日止。罚金限本判决生效之日起十日内缴纳。）

二、被告人陈某犯污染环境罪，判处有期徒刑一年，缓刑一年六个月，并处罚金人民币 20 000 元。

（缓刑考验期从判决确定之日起计算。）

三、被告人项某犯污染环境罪，判处有期徒刑一年三个月，并处罚金人民币15 000 元。

（刑期从判决执行之日起计算。判决执行以前先行羁押的，羁押一日折抵刑期一日。即自 2014 年 5 月 24 日起至 2015 年 8 月 23 日止。罚金限本判决生效之日起十日内缴纳。）

四、被告人夏甲犯污染环境罪，判处有期徒刑八个月，并处罚金人民币 10 000 元。

（刑期从判决执行之日起计算。判决执行以前先行羁押的，羁押一日折抵刑期一日。即自 2014 年 11 月 3 日起至 2015 年 7 月 2 日止。罚金限本判决生效之日起十日内缴纳。）

五、被告人夏乙犯污染环境罪，判处有期徒刑八个月，并处罚金人民币 8 000 元。

（刑期从判决执行之日起计算。判决执行以前先行羁押的，羁押一日折抵刑期一日。共折抵刑期 106 日。即自 2014 年 11 月 3 日起至 2015 年 3 月 18 日止。罚金限本判决生效之日起十日内缴纳。）

六、被告人夏丙犯污染环境罪，判处有期徒刑六个月，并处罚金人民币 5000 元。

（刑期从判决执行之日起计算。判决执行以前先行羁押的，羁押一日折抵刑期一日。即自 2014 年 11 月 3 日起至 2015 年 5 月 2 日止。罚金限本判决生效之日起十日内缴纳。）

如不服本判决，可在接到判决书的第二日起十日内，通过本院或直接向浙江省温州市中级人民法院提出上诉。书面上诉的，应当提交上诉状正本一份，副本二份。

（此页无正文）

审　判　长　　　陈　某
人民陪审员　　　曹　某
人民陪审员　　　黄　某

二〇一五年一月八日

书　记　员　　　董　某

附：本判决所依据的法律条文

《中华人民共和国刑法》

第三百三十八条 违反国家规定，排放、倾倒或者处置有放射性的废物、含传染病病原体的废物、有毒物质或者其他有害物质，严重污染环境的，处三年以下有期徒刑或者拘役，并处或者单处罚金；后果特别严重的，处三年以上七年以下有期徒刑，并处罚金。

第二十五条第一款 共同犯罪是指二人以上共同故意犯罪。

第二十七条 在共同犯罪中起次要或者辅助作用的，是从犯。

对于从犯，应当从轻、减轻处罚或者免除处罚。

第六十七条第一款 犯罪以后自动投案，如实供述自己的罪行的，是自首。对于自首的犯罪分子，可以从轻或者减轻处罚。其中，犯罪较轻的，可以免除处罚。

第三款 犯罪嫌疑人虽不具有前两款规定的自首情节，但是如实供述自己的罪行的，可以从轻处罚；因其如实供述自己的罪行，避免特别严重后果发生的，可以减轻处罚。

最高人民法院、最高人民检察院《关于办理环境污染刑事案件适用法律若干问题的解释》

第一条第（二）项 实施刑法第三百三十八条规定的行为，具有下列情形之一的，应当认定为“严重污染环境”：

（二）非法排放、倾倒、处置危险废物3吨以上的；

常州世鑫化工有限公司异地倾倒化工废水污染环境罪案

【案例提供单位】安徽省环境保护厅

【案例类型】涉嫌污染犯罪移送公安机关

【案例名称】常州世鑫化工有限公司异地倾倒化工废水污染环境罪案

【主要违法行为】擅自将化工废水等危险废物异地倾倒，造成重大环境污染事故，致使公私财产遭受损失计人民币 1 848 649 元，后果特别严重，构成污染环境罪

【污染类型】水污染、土壤污染、大气污染

【违法企业所属行业】化工行业

【处罚及执行情况】以污染环境罪判处被告单位常州世鑫化工有限公司罚金 50 万元；被告人李某有期徒刑 3 年，并处罚金 15 万元；被告人孙某有期徒刑 3 年 6 个月，并处罚金 20 万元；被告人刘某有期徒刑 3 年 6 个月，并处罚金 20 万元；被告人宋某有期徒刑 1 年 10 个月，并处罚金 5 万元。以环境污染罪分别判处被告人王某等 11 人 1 年 6 个月至 10 个月不等有期徒刑，并处 2 万至 3 万元不等罚金

【关键词】水污染、大气污染、土壤污染、异地倾倒、污染环境罪

一、基本案情与审理过程

2013 年 8 月 26 日，安徽省滁州经济技术开发区城北办事处赵郢村西曹村民组发生水稻等农作物污染事件。经当时现场初步调查，此次突发污染事件造成 3 亩水稻绝收，420 亩水稻、17 亩渔业养殖、家禽等遭受到不同程度损失。环境监测部门按规范对事发地大气、水、土壤等开展应急监测，有机物定性检测出苯、甲苯、二甲苯等污染物，水稻田苯浓度为 10.7 mg/L，超标

3.278 倍，pH 为 12.86；村民居住区域环境空气中苯、甲苯、二甲苯浓度符合前苏联居民区大气环境标准。

之后，滁州经济技术开发区公安分局委托农业部农业生态环境及农产品质量安全司法鉴定中心进行了环境损害鉴定评估。经评估此次突发污染事件经济损失 1 848 649 元（不含鉴定费用 35 万元）。

检察机关指控，2013 年 5 月至 8 月，常州世鑫化工有限公司在生产期间，为节约成本，公司营销部部长李某将含有苯、甲苯、二甲苯的化工废水以 250～300 元/t 的价格交给无处理危险废物资质的河南人孙某处理。孙某以 170 元/t 的价格交给滁州市滁泉汽车运输公司刘某处理。刘某安排黄某、李某等 12 名驾驶员到常州世鑫化工有限公司运输化工废水 10 车共 333.93 t，运至滁州倾倒，造成生态环境污染。

2015 年 2 月 4 日，法院审理认为，被告人李某等 15 人违反国家规定，擅自将化工废水等危险废物异地倾倒，造成重大环境污染事故，致使公私财产遭受损失计人民币 1 848 649 元，后果特别严重，其行为均已构成污染环境罪。在共同犯罪中，依据各被告人所在共同犯罪中的事实与情节予以处罚。遂以污染环境罪判处被告单位常州世鑫化工有限公司罚金 50 万元；被告人李某有期徒刑 3 年，并处罚金 15 万元；被告人孙某有期徒刑 3 年 6 个月，并处罚金 20 万元；被告人刘某有期徒刑 3 年 6 个月，并处罚金 20 万元；被告人宋某有期徒刑 1 年 10 个月，并处罚金 5 万元。以环境污染罪分别判处被告人王某等 11 人 1 年 6 个月至 10 个月不等有期徒刑，并处 2 万至 3 万元不等罚金。

二、案件涉及的法律问题

（一）违法行为的认定

问题：法院认定被告的行为构成污染环境罪是否准确？

《中华人民共和国刑法》（简称《刑法》）第三百三十八条规定污染环境罪：“违反国家规定，排放、倾倒或者处置有放射性的废物、含传染病病原体的废物、有毒物质或者其他有害物质，严重污染环境的，处三年以下有期徒刑或者拘役，并处或者单处罚金；后果特别严重的，处三年以上七年以下有期徒刑，并处罚金”。

在犯罪行为上，被告实施将含有苯、甲苯、二甲苯的化工废水异地倾倒的行为。含有苯、甲苯、二甲苯的化工废水符合《最高人民法院、最高人民检察院关于办理环境污染刑事案件适用法律若干问题的解释》（简称《解释》）第十条对“危险废物”与“有毒物质”的定义，“下列物质应当认定为‘有毒物质’：（一）危险废物，包括列入《国家危险废物名录》的废物，以及根据国家规定的危险废物鉴别标准和鉴别方法认定的具有危险特性的废物”，因此被告实施的上述行为构成《刑法》第三百三十八条规定的“违反国家规定，排放、倾倒或者处置有毒物质”情形。

在犯罪结果上，被告异地倾倒含有苯、甲苯、二甲苯的化工废水等危险废物的总量达到 333.93 t。依据滁州市经济开发区公安分局委托农业部农业生态环境及农产品质量安全司法鉴定中心进行的环境损害鉴定评估，被告行为致使公私财产遭受损失计人民币 1 848 649 元。依据《解释》第一条第二项与第九项，“非法排放、倾倒、处置危险废物三吨以上的”与“致使公私财产损失三十万元以上的”构成《中华人民共和国刑法》第三百三十八条规定的“严重污染环境”情形。

因此，被告行为构成《刑法》第三百三十八条规定的污染环境罪。

（二）处罚措施的适用

问题：法院对被告的量刑是否适当？

依据《解释》第三条第（四）项，“致使公私财产损失一百万元以上的”构成《刑法》第三百三十八条规定的“后果特别严重”情形。被告行为致使公私财产遭受损失计人民币 1 848 649 元，符合上述条件，因此法院可依据《刑法》第三百三十八条“后果特别严重的，处三年以上七年以下有期徒刑，并处罚金”量刑。

本案中，法院分别判决被告人李某有期徒刑 3 年、被告人孙某有期徒刑 3 年 6 个月、被告人刘某有期徒刑 3 年 6 个月，其余 12 个被告人的刑期均在 3 年以下。本案法院充分考虑各位被告人的责任程度，对主要责任人李某、孙某、刘某的量刑符合《刑法》第三百三十八条“后果特别严重”情形下的刑罚幅度。

三、本案启示

本案中，在环境保护部门对突发环境污染事件进行初步调查之后，公安机关即对该环境污染事件立案，公安部门与环境保护部门成立专案组共同调查案件。

公安部门尽早立案能够充分利用公安部门在案件侦破方面的优势，查明案件真相，全面掌握案件的犯罪事实，为环境保护部门的其他执法提供依据。环境保护部门在环境科学与技术方面的专业优势有助于判断污染的源头、发生过程以及损害严重程度，推进公安部门的案件侦破。

兰州劲源有限责任公司非法倾倒危险废物污染环境罪案

【案例提供单位】甘肃省环境监察局

【案例类型】涉嫌污染犯罪移送公安机关

【案例名称】兰州劲源有限责任公司非法倾倒危险废物污染环境罪案

【主要违法行为】兰州劲源有限责任公司向兰州市永登县苦水镇大路村三社东山沟内非法倾倒含氟化物的危险废物约 140 t，构成污染环境犯罪

【污染类型】水污染、土壤污染

【违法企业所属行业】铝制造业

【处罚及执行情况】以污染环境罪判处兰州劲源有限责任公司负责人苏某有期徒刑 2 年，缓刑 3 年，并处罚金 5 万元

【关键词】水污染、土壤污染、非法倾倒、危险废物、污染环境罪

一、基本案情与审理过程

2014 年 12 月 15 日，兰州市环境保护局、兰州市公安局环境保护分局和永登县环境保护局对兰州劲源有限责任公司进行联合现场检查，发现该公司存在涉嫌擅自倾倒危险废物的环境违法行为。经调查发现，自 2014 年 6 月以来，兰州劲源有限责任公司陆续向兰州市永登县苦水镇大路村三社东山沟内非法倾倒含氟化物的危险废物约 140 t，涉嫌污染环境犯罪。

2015 年 1 月 6 日，兰州市环境保护局依据《行政主管部门移送适用行政拘留环境违法案件暂行办法》依法移送公安机关，及时控制犯罪嫌疑人；1 月 23 日，兰州市环境保护局补充完善案件证据后，依据“两高”司法解释依法移送公安环境保护分局；1 月 26 日，兰州劲源有限责任公司负责人苏某涉嫌污染环境罪被兰

州市公安局刑事拘留，随后被永登县人民检察院批准逮捕，4 月 1 日苏某被提起公诉，4 月 17 日，案件在永登县法院公开审理。

公诉机关认为，犯罪嫌疑人苏某违反国家法律规定，排放、倾倒有毒物质，严重污染环境，其行为符合污染环境罪的构成要件，应当以污染环境罪追究其刑事责任，建议判处苏某有期徒刑 1 年至 2 年，适用缓刑，对于指控，苏某当庭认罪悔改，并表示今后努力清理已排放污染物，消除影响。

5 月 12 日，法院一审宣判，被告人苏某违反国家法律规定，排放、倾倒有毒物质，严重污染环境，其行为符合《关于办理环境污染刑事案件适用法律若干问题的解释》第一条第二款："非法排放、倾倒、处置危险废物三吨以上，应当认定为严重污染环境罪"的规定，构成污染环境罪，遂判处苏某有期徒刑 2 年，缓刑 3 年，并处罚金 5 万元。

二、案件涉及的法律问题

（一）违法行为的认定

问题：法院认定被告的行为构成污染环境罪是否准确？

《中华人民共和国刑法》（简称《刑法》）第三百三十八条规定污染环境罪："违反国家规定，排放、倾倒或者处置有放射性的废物、含传染病病原体的废物、有毒物质或者其他有害物质，严重污染环境的，处三年以下有期徒刑或者拘役，并处或者单处罚金；后果特别严重的，处三年以上七年以下有期徒刑，并处罚金"。

在犯罪行为上，兰州劲源有限责任公司向兰州市永登县苦水镇大路村三社东山沟内非法倾倒含氟化物的危险废物。含氟化物的危险废物符合《最高人民法院、最高人民检察院关于办理环境污染刑事案件适用法律若干问题的解释》（简称《解释》）第十条对"危险废物"与"有毒物质"的定义，"下列物质应当认定为'有毒物质'：（一）危险废物，包括列入《国家危险废物名录》的废物，以及根据国家规定的危险废物鉴别标准和鉴别方法认定的具有危险特性的废物"，因此兰州劲源有限责任公司实施的上述行为构成《刑法》第三百三十八条规定的"违反国家规定，排放、倾倒或者处置有毒物质"情形。

在犯罪结果上，兰州劲源有限责任公司非法倾倒含氟化物的危险废物约 140 t。依据《解释》第一条第二项与第九项，"非法排放、倾倒、处置危险废物三吨以上的”构成《刑法》第三百三十八条规定的“严重污染环境”情形，因此兰州劲源有限责任公司的行为符合“严重污染环境”的情形。

因此，本案中兰州劲源有限责任公司的行为构成《刑法》第三百三十八条规定的污染环境罪。

（二）处罚措施的适用

问题：法院对被告的量刑是否适当？

被告行为不符合《刑法》第三百三十八条规定的“后果特别严重”情形。《解释》第三条细化了“后果特别严重”的情形，列举了10项可以认定为“后果特别严重”的具体情形，本案情况未满足其中任何一项，且没有证据证明存在“其他后果特别严重的情形”。因此，法院应当依据《刑法》第三百三十八条规定的“处三年以下有期徒刑或者拘役，并处或者单处罚金”确定刑罚幅度。

苏某是兰州劲源有限责任公司的负责人。依据《解释》第六条，“单位犯刑法第三百三十八条、第三百三十九条规定的犯罪行为，依照本解释规定的相应个人犯罪的定罪量刑标准，对直接负责的主管人员和其他直接责任人员定罪处罚，并对单位判处罚金”，因此法院应对苏某定罪处罚，并对兰州劲源有限责任公司判处罚金。

本案中，法院判决被告人苏某有期徒刑2年，缓刑3年，并处罚金5万元，符合法定刑罚幅度与犯罪主体要求。

三、本案启示

在本案办理过程中，有两个关键启示：一是及时控制犯罪嫌疑人苏某，私自成立的兰州劲源有限责任公司属“三无”企业，负责人苏某一旦畏罪潜逃本案无法继续调查和结案；二是及时取得本案定性关键证据，证明倾倒的铝灰是危险废物，必须由有资质的单位出具合法有效的鉴定报告。

在本案调查取证过程中，1月6日，永登县环境保护局发现苏某有外逃迹象后立即向兰州市环境保护局汇报，兰州市环境保护局立即依据《行政主管部门移送适用行政拘留环境违法案件暂行办法》第七条规定移送公安局环境保护分局，建议公安局环境保护分局在第一时间对苏某进行布控，公安局环境保护分局立即限制苏某外出自由并要求其随时接受公安机关询问，及时制止苏某的外逃行为。

针对本案倾倒铝灰是否属于危险废物的鉴定，兰州市环境保护局在办案过程中了解到甘肃省内没有具备危险废物鉴定资质的机构，外省机构出具鉴定结论时间周期较长，会延误办案最佳时机。兰州市环境监测站虽然没有危险废物鉴定资质，但具备固体废物浸出物毒性的鉴定资质，兰州市环境监测站的监测结果显示，铝灰倾倒现场 2 个采样点的浸出液氟化物浓度分别为 515 mg/L 和 532 mg/L，均超过国家规定的危险废物鉴别标准中的无机氟化物标准限值 100 mg/L，甘肃省环境保护厅也对该监测结果出具了同意的认可意见。1 月 23 日，兰州市环境保护局最终以兰州市环境监测站对倾倒现场铝灰浸出液氟化物浓度监测结果为依据，认定倾倒物铝灰为危险废物，将本案作为污染环境犯罪案件移送公安机关调查，检察机关和人民法院在本案审理过程中也采信了兰州市环境监测站确定的这一关键证据，并最终对犯罪嫌疑人做出了污染环境犯罪判决。

贵州省黔东南州凯里市麻江县宏发硅业有限公司超标排放重金属污染环境罪案

【案例提供单位】贵州省黔东南州凯里市麻江县环境保护局

【案例类型】涉嫌污染环境罪移送公安机关

【案例名称】贵州省黔东南州凯里市麻江县宏发硅业有限公司超标排放重金属污染环境罪案

【主要违法行为】产生的废水未经有效处理非法排放，经检测重金属锌、镉与砷超标3倍以上，构成污染环境罪

【污染类型】水污染

【违法企业所属行业】化工行业

【处罚及执行情况】贵州省黔东南州凯里市人民法院以污染环境罪做出一审判决，判处被告单位麻江县宏发硅业有限公司罚金50万元，被告人蒋某有期徒刑2年，并处罚金20万元，被告人夏某有期徒刑1年6个月，并处罚金10万元

【关键词】水污染、超标排放、污染环境罪

一、基本案情与审理过程

2015年5月29日上午9时，贵州省黔东南州凯里市人民法院对贵州省黔东南州凯里市麻江县宏发硅业有限公司及原法定代表人蒋某、直接责任人夏某，因超标排放重金属污染环境案件进行第二次庭审，并宣布审判结果。

麻江县宏发硅业有限公司主要使用锌、铅冶炼行业除尘器收集的烟灰作为原料，通过浓酸浸取、净化后使用溶剂提取有价金属铟、银等。为了经济利益，该公司在没有整改和完善相关污染防治及风险防范措施的情况下，本应使用烧碱等作为废水处理药剂，却采用价格低廉的废水处理药剂砷碱渣，且公司生产负责人夏某还安排工人在晚上趁周边无人之际，用水泵将工业废水直接抽出外排，以节

约生产废水处理成本。2013 年 8 月 10 日，试生产期限到期后，在未获得环境保护行政主管部门验收审批手续的情况下，仍继续违规生产，导致下游灌溉的农田出现死鱼现象。

2013 年 8 月 13 日，麻江县环境保护局委托黔东南州环境监测中心站，对该公司生产废水及排污下游的母猪坝堰塞湖进行取样检测，发现锌、镉、砷的含量超过国家标准的 47.2 倍、64.5 倍、57.5 倍。8 月 20 日，麻江县环境保护局下达了《关于责令停产整改的通知》责令该公司立即停止生产。同年 11 月 18 日，黔东南州环境监测中心站再次对该公司厂区地坪雨水沟废水及排污下游甘溪河河水取样检测，结果显示砷、锌、镉、铅等含量分别超标 1 446.5 倍、9.6 倍、87.6 倍、10.9 倍。甘溪河中游、下游水砷的含量均超过《地表水环境质量标准》III类标准，分别超标 437.9 倍、388.1 倍，已造成严重污染，达到了《最高人民法院、最高人民检察院关于办理环境污染刑事案件适用法律若干问题的解释》非法排放含重金属 3 倍以上追究刑事责任的标准。

麻江县宏发硅业有限公司涉嫌构成污染环境罪，黔东南州环境保护局于 2014 年 5 月 28 日依法移送州公安局办理，根据属地管理原则，凯里市公安局于 2014 年 5 月 30 日进行立案侦查，因涉嫌污染环境罪，经凯里市人民检察院批准，2014 年 7 月 8 日，该公司直接责任人夏某被依法逮捕；8 月 19 日，该公司原法人蒋某被依法逮捕。2014 年 9 月 5 日，犯罪嫌疑人蒋某、夏某因涉嫌污染环境罪被移送凯里市人民检察院审查起诉。审查起诉期间，凯里市人民检察院依法将麻江县宏发硅业有限公司追诉为被告，起诉性质变为单位犯罪。2015 年 3 月 10 日，凯里市人民法院对麻江县宏发硅业有限公司及原法定代表人蒋某、直接责任人夏某，因超标排放重金属到外环境涉嫌污染环境罪进行开庭审理，第一次庭审未当庭宣判结果。2015 年 5 月 29 日，凯里市人民法院对该案进行第二次庭审，并以污染环境罪做出一审判决，判处被告单位麻江县宏发硅业有限公司罚金 50 万元，被告人蒋某有期徒刑 2 年，并处罚金 20 万元，被告人夏某有期徒刑 1 年 6 个月，并处罚金 10 万元。

二、案件涉及的法律问题

（一）违法行为的认定

问题：法院认定被告的行为构成污染环境罪是否准确？

《中华人民共和国刑法》（简称《刑法》）第三百三十八条规定污染环境罪："违反国家规定，排放、倾倒或者处置有放射性的废物、含传染病病原体的废物、有毒物质或者其他有害物质，严重污染环境的，处三年以下有期徒刑或者拘役，并处或者单处罚金，后果特别严重的，处三年以上七年以下有期徒刑，并处罚金"。

在犯罪行为上，被告实施将含有锌、铬等重金属的化工废水非法倾倒的行为。含有锌、铬等重金属的化工废水符合《最高人民法院　最高人民检察院关于办理环境污染刑事案件适用法律若干问题的解释》（简称《解释》）第十条对"有毒物质"的定义，"下列物质应当认定为'有毒物质'：（三）含有铅、汞、镉、铬等重金属的物质"，因此被告实施的上述行为满足污染环境罪的行为要件。

在犯罪结果上，被告倾倒的化工废水中锌、铬等重金属超标 3 倍以上。依据《解释》第一条第（三）项，"非法排放含重金属、持久性有机污染物等严重危害环境、损害人体健康的污染物超过国家污染物排放标准或者省、自治区、直辖市人民政府根据法律授权制定的污染物排放标准三倍以上的"并且构成《刑法》第三百三十八条规定的"严重污染环境"情形，因此被告实施的上述行为满足污染环境罪的结果要件。

因此，被告行为构成《刑法》第三百三十八条规定的污染环境罪。

（二）处罚措施的适用

问题 1：法院对责任主体的选择是否适当？

《解释》第六条规定"单位犯刑法第三百三十八条、第三百三十九条规定之罪的，依照本解释规定的相应个人犯罪的定罪量刑标准，对直接负责的主管人员和其他直接责任人员定罪处罚，并对单位判处罚金"。本案中，夏某为宏发硅业公司的生产负责人，蒋某为宏发硅业公司的原法人代表，应当认定为本案"直接负责的主管人员"。因此，本案法院对夏某和蒋某定罪处罚，对宏发硅业公司判处罚金符合上述法律要求。

问题 2：法院对被告的量刑是否适当？

《解释》第三条规定了污染环境罪“后果特别严重”的 11 种具体情形。被告行为虽构成污染环境罪，但尚未有充分证据证明存在上述 11 种情形，不应当认为存在“后果特别严重”的情形。因此，应当适用《刑法》第三百三十八条“处三年以下有期徒刑或者拘役，并处或者单处罚金”的量刑幅度。本案中，法院分别判决被告人蒋某有期徒刑 2 年，并处罚金 20 万元，被告人夏某有期徒刑 1 年 6 个月，并处罚金 10 万元，符合上述量刑幅度。

三、本案启示

部门联手协作，提升案件办理效率。自该案立案侦查以来，黔东南州环境保护局、凯里市环境保护局、麻江县环境保护局积极配合公安机关检查企业生产现场、讯问生产有关负责人和职工。在审查起诉期间，公安机关、环境保护部门、检察院多次召开案件审查会，环境保护部门就环境保护有关专业的法律、法规、规章、鉴定方法、判定标准以及涉嫌环境污染犯罪案件的相关证据等进行详细的说明，为检察院、公安机关办案人员办理污染环境刑事案件提供了有力的技术保障。通过系列审查和多地取证，最终将犯罪嫌疑人蒋某、夏某污染环境行为上升到麻江县宏发硅业有限公司集体行为，并作为犯罪主体，实现了犯罪事实的有效认定。黔东南州首例污染环境案件的宣判，有效遏制了环境犯罪行为，开创了黔东南州依法判处污染环境案件的先河，对州内企业起到很好的警示效果，也体现了政府守住黔东南州绿水青山的坚强决心与有力举措。

内蒙古自治区巴彦淖尔市南光化工公司倾倒危险废物污染环境犯罪案

【案例提供单位】内蒙古自治区巴彦淖尔市环境保护局

【案例类型】涉嫌污染环境犯罪移送公安机关

【案例名称】内蒙古自治区巴彦淖尔市南光化工公司倾倒危险废物污染环境犯罪案

【主要违法行为】内蒙古自治区巴彦淖尔市南光化工公司先后将58车盐酸拉到杭锦后旗境内3条排水干沟的4个点位倾倒，共计2 480 t，构成污染环境罪

【污染类型】水污染

【违法企业所属行业】化工行业

【处罚及执行情况】内蒙古自治区巴彦淖尔市杭锦后旗法院宣判：被告单位南光化工有限公司判处污染环境罪，处罚金80万元；被告人南某判处污染环境罪，判处有期徒刑3年，并处罚金15万元；被告人南某某判处污染环境罪，判处有期徒刑1年6个月，并处罚金7万元；被告人王某判处污染环境罪，判处有期徒刑1年4个月，并处罚金6万元；被告人郭某判处污染环境罪，判处有期徒刑1年，并处罚金5万元。此外，被告人所有非法所得予以追缴，犯罪工具予以没收

【关键词】水污染、危险废物、污染环境罪

一、基本案情与审理过程

2013年9月始，内蒙古自治区巴彦淖尔市杭锦后旗南某等4人为赚取化肥企业提供的运费补贴，把盐酸直接倒进总排干沟内，直到2014年1月10日，巴彦淖尔市环境监测站在例行监测中发现，总排干沟内 pH 严重超标并上报巴彦淖尔市环境保护局。随后，巴彦淖尔市环境保护局依法采取了整治及应急行动措施，并将违法案件移送到公安机关。

乌拉特后旗齐华矿业公司为处置化肥生产过程中形成的盐酸废料与乌海市南光化工公司签订购买盐酸合同，约定由齐华矿业公司免费提供盐酸，并补贴每吨100元的运费，南光化工公司负责运输销售盐酸。而南光化工公司负责人南某与其儿子和司机王某、郭某为赚取运费补贴，先后将58车盐酸拉到杭锦后旗境内3条排水干沟的4个点位倾倒，共计2 480 t。经巴彦淖尔市环境保护局对涉嫌污染点取样化验所取样本检测pH超标，水样中含有大量氢离子和氯离子，氯化物含量严重超标，所倾倒的盐酸属于危险废物。

经当地公安部门查实，对乌海市南光化工公司法人南某及其儿子南某某，以及该公司的司机郭某、王某进行刑事拘留，后对主犯南某以涉嫌污染环境罪依法逮捕，对其他3名从犯取保候审。2014年4月30日，4人被移送审查起诉。此案进行了第一次公开开庭审理，并当庭对被告单位和4名被告人做出判决。

2014年9月10日，巴彦淖尔市杭锦后旗法院宣判：依照《中华人民共和国刑法》相关规定，被告单位南光化工有限公司判处污染环境罪，处罚金80万元；被告人南某判处污染环境罪，判处有期徒刑3年，并处罚金15万元；被告人南某某判处污染环境罪，判处有期徒刑1年6个月，并处罚金7万元；被告人王某判处污染环境罪，判处有期徒刑1年4个月，并处罚金6万元；被告人郭某判处污染环境罪，判处有期徒刑1年，并处罚金5万元。此外，被告人所有非法所得予以追缴，犯罪工具予以没收。

二、案件涉及的法律问题

（一）违法行为的认定

问题：法院认定被告的行为构成污染环境罪是否准确？

《中华人民共和国刑法》（简称《刑法》）第三百三十八条规定污染环境罪：“违反国家规定，排放、倾倒或者处置有放射性的废物、含传染病病原体的废物、有毒物质或者其他有害物质，严重污染环境的，处三年以下有期徒刑或者拘役，并处或者单处罚金；后果特别严重的，处三年以上七年以下有期徒刑，并处罚金”。

在犯罪行为上，被告实施将盐酸直接倒进总排干沟内的行为。盐酸符合《最高人民法院　最高人民检察院关于办理环境污染刑事案件适用法律若干问题的解释》（简称《解释》）第十条对“危险废物”与“有毒物质”的定义，“下列物质应当认定为‘有毒物质’：（一）危险废物，包括列入《国家危险废物名录》的废物，以及根据国家规定的危险废物鉴别标准和鉴别方法认定的具有危险特性的废物”，因此被告实施的上述行为构成《刑法》第三百三十八条规定的“违反国家规定，排放、倾倒或者处置有毒物质”情形。

在犯罪结果上，被告异地倾倒盐酸的总量达到 2 480 t。依据《解释》第一条第二项与第九项，“非法排放、倾倒、处置危险废物三吨以上的”构成《刑法》第三百三十八条规定的“严重污染环境”情形。因此，被告行为构成《刑法》第三百三十八条规定的污染环境罪。

（二）处罚措施的适用

问题 1：法院对责任主体的选择是否适当？

《解释》第六条规定“单位犯刑法第三百三十八条、第三百三十九条规定之罪的，依照本解释规定的相应个人犯罪的定罪量刑标准，对直接负责的主管人员和其他直接责任人员定罪处罚，并对单位判处罚金”。本案中，南光化工公司法人南某及其儿子南某某、该公司的司机郭某、王某应当认定为本案“直接负责的主管人员和其他直接责任人员”。因此，本案法院对南某、南某某、郭某、王某定罪处罚，对南光化工公司判处罚金符合上述法律要求。

问题 2：法院对被告的量刑是否适当？

《解释》第三条规定了污染环境罪“后果特别严重”的 11 种具体情形。被告行为虽构成污染环境罪，但尚未有充分证据证明存在上述 11 种情形，不应当认为存在“后果特别严重”的情形。因此，应当适用《刑法》第三百三十八条“处三年以下有期徒刑或者拘役，并处或者单处罚金”的量刑幅度。本案中，法院分别判决被告人南某判处污染环境罪，判处有期徒刑 3 年，并处罚金 15 万元；被告人南某某判处污染环境罪，判处有期徒刑 1 年 6 个月，并处罚金 7 万元；被告人王某判处污染环境罪，判处有期徒刑 1 年 4 个月，并处罚金 6 万元；被告人郭某判处污染环境罪，判处有期徒刑 1 年，并处罚金 5 万元，符合上述量刑幅度。

三、本案启示

本案件是《最高人民法院、最高人民检察院关于办理环境污染刑事案件适用法律若干问题的解释》实施以来，内蒙古自治区发生的第一起污染环境罪案件。

本案中，巴彦淖尔市环境监测站在例行监测中发现环境污染现象后及时上报巴彦淖尔市环境保护局。随后，巴彦淖尔市环境保护局依法采取了整治及应急行动措施，并将违法案件移送到公安机关。公安部门尽早立案能够充分利用公安部门在案件侦破方面的优势，查明案件真相，全面掌握案件的犯罪事实，为环境保护部门的其他执法提供依据。环境保护部门在环境科学与技术方面的专业优势有助于判断污染的源头、发生过程以及损害严重程度，推进公安部门的案件侦破。

浙江省乐清市非法酸洗工场超标排放污染物涉嫌污染环境罪案

【案例提供单位】浙江省乐清市环境保护局

【案例类型】涉嫌污染环境罪

【案例名称】浙江省乐清市非法酸洗工场超标排放污染物涉嫌污染环境罪案

【主要违法行为】产生的废水未经有效处理非法排放，经检测重金属铜和铬超标3倍以上，涉嫌污染环境罪

【污染类型】水污染

【违法企业所属行业】化工行业

【处罚及执行情况】浙江省乐清市环境保护局已将该案件移交公安部门处理，犯罪嫌疑人余某等人因涉嫌环境污染罪已被公安机关依法刑事拘留，法院是否宣判不明

【关键词】水污染、超标排放、污染环境罪

一、基本案情与审理过程

2014年12月25日，浙江省乐清市环境保护局柳市分局联合公安部门查获了柳市镇西城社区戴西村余某的非法酸洗工场，经检查该工场对生产过程中产生的废水未经处理非法排放。经检测重金属铜和铬超标3倍以上，因涉嫌环境污染犯罪，现案件正在司法机关审查起诉当中。

乐清市柳市镇戴西村非法酸洗工场，地处隐蔽，作案方式隐匿，该工场业主余某反侦察意识较强，为躲避监管检查，将工场设在一临河民房7楼的顶楼，进入该民房的大门除搬运货物外均处于关闭状态，并对生产工场进行伪装。该工场四周的窗户均用油布封住，楼顶的排气筒则用黑布遮盖，从外部观察，很难确认是一处违法工场，也极难探出内部作业情况。工场的排污管道则更为隐秘，房屋临河，管道

经暗管直接通入河里，暗管上用水泥和野草覆盖。由于该河道为区域主要河道，流量大，水体流动性较强，污水入河后，污染特征不明显，难以被检测和发现。

执法人员对该工场酸洗槽、钝化槽、工场地面外排口进行采样。采样监测数据显示：该酸洗工场地面外排口铜离子浓度为 47.2 mg/L（标准值为 0.5 mg/L），铬离子浓度为 33.2 mg/L（标准值为 0.5 mg/L），超过《污水综合排放标准》（GB 8978—1996）表 1、表 4（一级）标准限值 3 倍以上。根据《最高人民法院、最高人民检察院关于办理环境污染刑事案件适用法律若干问题的解释》第一条第（三）项以及《浙江省涉嫌环境污染犯罪案件移送和线索通报工作程序》（浙环发[2014]46 号）之规定，该局将该案件移交公安部门处理。犯罪嫌疑人余某等人因涉嫌环境污染罪已被公安机关依法刑事拘留。

二、案件涉及的法律问题

违法行为的认定。

《中华人民共和国刑法》（简称《刑法》）第三百三十八条规定污染环境罪：“违反国家规定，排放、倾倒或者处置有放射性的废物、含传染病病原体的废物、有毒物质或者其他有害物质，严重污染环境的，处三年以上七年以下有期徒刑或者拘役，并处或单处罚金；后果特别严重的，处三年以上七年以下有期徒刑，并处罚金。”

在犯罪行为上，被告实施将含有铜和铬等重金属的化工废水非法倾倒的行为。含有铜和铬等重金属的化工废水符合《最高人民法院　最高人民检察院关于办理环境污染刑事案件适用法律若干问题的解释》（简称《解释》）第十条第（三）项对“有毒物质”的定义，“下列物质应当认定为‘有毒物质’：（三）含有铅、汞、镉、铬等重金属的物质”，因此被告实施的上述行为满足污染环境罪的行为要件。

在犯罪结果上，被告倾倒的化工废水中铜和铬等重金属超标 3 倍以上。依据《解释》第一条第（三）项，“非法排放含重金属、持久性有机污染物等严重危害环境、损害人体健康的污染物超过国家污染物排放标准或者省、自治区、直辖市人民政府根据法律授权制定的污染物排放标准三倍以上的”构成《刑法》第三百三十八条规定的“严重污染环境”情形，因此被告实施的上述行为满足污染环境罪的结果要件。

因此，被告行为构成《刑法》第三百三十八条规定的污染环境罪。

三、本案启示

本案中，犯罪嫌疑人的反侦察意识较强，生产场地与排污管道隐蔽，给案件调查工作带来一定困难。在这种情形下，需要环境保护部门与公安部门紧密合作，发挥各自优势高效、快速地处理案件。公安部门尽早立案能够充分利用公安部门在案件侦破方面的优势，查明案件真相，全面掌握案件的犯罪事实，为环境保护部门的其他执法提供依据。环境保护部门在环境科学与技术方面的专业优势有助于判断污染的源头、发生过程以及损害严重程度，推进公安部门的案件侦破。

第六部分

运用多种手段，打“组合拳”

深圳市恒进五金制品有限公司偷排超标废水案

【案例提供单位】深圳市人居环境委员会

【案例类型】查封扣押、停产整治、适用行政拘留案件移送

【案例名称】深圳市恒进五金制品有限公司偷排超标废水案

【主要违法行为】通过暗管非法向市政管道偷排污泥池废水。经采样检测，外排废水中悬浮物 4 630 mg/L，总磷 1 640 mg/L，超过规定的废水排放标准

【污染类型】废水污染

【违法企业所属行业】工业企业

【执法情况】1. 现场实施查封、扣押，并下达责令改正违法行为决定书；2. 做出罚款 20 万元的行政处罚决定；3. 做出责令停产整治决定；4. 移交公安部门按照适用行政拘留案件查处

【关键词】废水、偷排、查封扣押、停产整治、行政拘留

一、基本案情与审理过程

（一）发现问题

2015 年年初，深圳市环境监察支队执法人员在罗田社区附近发现水污染物超标现象，并对附近几家企业进行重点监管，但多次巡查也没有找到线索。1 月 23 日，深圳市人居环境委员会接到匿名电话，举报位于罗田社区象山大道 462 号的深圳市恒进五金制品有限公司（以下简称“恒进五金”）经常夜间偷排直排废水，手法非常隐蔽，保安警惕性极高。

（二）现场检查

深圳市人居环境委员会非常重视这一举报，相关领导要求环境监察支队马上组织精干力量，查实、查处这一案件，并对相关信息严格保密。前期勘察准备就绪后，深圳市环境监察支队于 1 月 27 日凌晨 3 时组织开展突击执法行动，临时抽

调执法人员组成3个检查组执行此次任务。现场检查发现，该厂沉淀池污泥排放管非法连接了一条塑料暗管，暗管宽约15 cm，长约15 m，将污泥池的废水通过这条暗管直接排入厂区内市政污水管道1号排放口。

（三）现场监测

深圳市环境监测中心站的采样人员按规范对其外排废水采集了水样，并出具了监测报告，结果表明污染物悬浮物浓度为4 630 mg/L，总磷浓度为1 640 mg/L，超过该单位排污许可证规定执行的排放标准（悬浮物220 mg/L，总磷4.5 mg/L），严重污染环境。

（四）依法责令改正违法行为

深圳市环境监察支队执法人员现场检查发现违法行为后，依法向该单位下达了《责令改正违法行为决定书》，责令该单位立即停止排污行为。

（五）依法实施查封、扣押

根据《中华人民共和国环境保护法》第二十五条和《环境保护主管部门实施查封、扣押办法》规定，市环境监察支队执法人员在现场检查时，送达了《查封、扣押决定书》，对该单位污泥排放管与偷排废液管接驳设备实施就地查封，对偷排软管及安装工具等实施当场扣押。

（六）依法做出行政处罚决定

2015年1月29日，深圳市人居环境委员会对违法行为立案审查，按照行政处罚程序进行审议，认为该案件违法事实清楚、证据确凿，违反了《中华人民共和国环境保护法》第四十二条第四款、《深圳经济特区环境保护条例》第四十一条第二款规定，根据《深圳经济特区环境保护条例》第六十八条第（二）项规定，于2月12日下达《行政处罚决定书》，对该单位处以罚款人民币20万元。

（七）责令停产整治

根据《中华人民共和国环境保护法》第六十条和《环境保护主管部门实施限制生产、停产整治办法》第六条第（二）项规定，深圳市人居环境委参照行政处罚程序，于3月4日对该单位下达《责令停产整治决定书》，提出具体整改要求。

（八）依法移送公安部门

根据《中华人民共和国环境保护法》第六十三条和《行政主管部门移送适用行政拘留环境违法案件暂行办法》第五条的规定，4月24日，深圳市人居环境委将该案正式移交深圳市公安局查处。

（九）后续跟踪

执法检查后，该单位立即按照深圳市人居环境委员会的要求，停止违法排污行为，全面停产整治，委托第三方对废水处理设施进行全面改造，并按照行政处罚决定书缴纳罚款。深圳市环境监察支队依法做出解除查封扣押决定，并按规定对该单位整改情况实施后督察和跟踪检查，未发现非法排污、超标排污等违法行为。

二、本案启示

（一）实行有奖举报，提高执法针对性

对恒进五金的执法检查行动能够顺利实施，得益于举报人提供的可靠信息。深圳市从 2007 年开始推行环境违法行为有奖举报制度。《中华人民共和国环境保护法》实施后，为有针对性地加大打击高危性、隐蔽性环境违法行为力度，加大公众参与力度，深圳市人居环境委员会对原制度进行了全面修改，新修订的《深圳市公众举报工业企业环境违法行为奖励办法》，于 2015 年 1 月 1 日正式实施。该办法进一步明确了举报范围、奖励条件，并提高了奖励标准，单次奖励最高可达 10 万元人民币。截至 2015 年 8 月初，深圳市人居环境委员会共收到举报线索 45 条，受理立案 8 宗，查实 6 宗，办结 3 宗，发放奖金 3 万元。

（二）多措并举，从严执法

本案中，深圳市人居环境委员会根据《中华人民共和国环境保护法》的规定，对偷排直排超标废水违法行为采取了“责令立即改正”、“查封扣押”、“停产整治”、“罚款”、“适用行政拘留案件移送”等多种执法手段，行政强制措施、行政命令和行政处罚等多种手段可以并行实施，在不同阶段发挥了不同作用，通过多种执法手段叠加，形成了强大的执法威慑力。

（三）加强跟踪督查，落实整改责任

本案中，深圳市人居环境委员会下达停产整治决定后，要求深圳市环境监察支队对恒进五金履行停产整治措施情况实施后督察。深圳市环境监察支队制定了跟踪执法检查方案，安排执法人员不定期进行现场检查，重点巡查企业是否未经允许擅自生产。停产整治决定解除后，深圳市环境监察支队会同深圳市环境监测站按照《环境保护主管部门实施限制生产、停产整治办法》第二十条规定要求，对该公司进行跟踪检查。在后督察及跟踪检查中，均未发现该企业非法排污、超标排污等违法行为，有效督促该企业落实各项整改任务。

三、相关建议

（一）合理简化程序，提高执法效率

本案中，行政处罚决定于2月12日下达，停产整治决定则到3月4日才正式下达，由于停产整治决定下达较晚，一定程度上削减了执法威慑性。为进一步提高行政执法效率，建议从制度上进一步完善，将责令停产整治与行政处罚程序同步开展，立案、告知、听证、审议等环节可以合并进行。同时，为提高责令停产整治措施的可操作性，建议不与行政处罚决定一并做出，可以单独制作《责令停产整治决定书》，明确规定停产整治具体要求。

（二）加强部门沟通联系，建立联合执法工作机制

本案中，由于《行政主管部门移送适用行政拘留环境违法案件暂行办法》颁布实施，尚未建立适用行政拘留案件移送机制，公安机关又没有提前介入执法检查，因此，对适用行政拘留环境违法行为案件缺乏深入理解，处理程序漫长。为进一步提高公安机关参与打击环境违法的力度，建议环境保护部门与公安部门建立联合执法工作机制，公安部门提前介入执法检查工作，参与指导环境违法证据收集，及时控制违法行为人，并推动案件移送后续处理工作。

深圳市人居环境委员会
查封、扣押决定书

深环查扣字[2015] XXX 号

当事人名称或者姓名：XXX

营业执照注册号（公民身份证号码）：XXX

组织机构代码：XXX

地址：XXX

法定代表人（负责人）：XXX

因你（单位）利用暗管外排未经处理废液的行为，涉嫌违反了《中华人民共和国环境保护法》第四十二条的规定，依据《中华人民共和国环境保护法》第二十五条和《环境保护主管部门实施查封、扣押办法》第四条的规定，我委决定对你（单位）污泥排放管与偷排废液管连接处，偷排软管，铁链锤自2015年1月27日至2015年2月26日予以______（☑查封；☑扣押）。存放于深圳市危险废物处理站有限公司______。在此期间，你（单位）不得擅自解封、使用、隐匿、转移、变卖、毁损。

你单位如对本决定不服，可在收到本决定之日起 60 日内向深圳市人民政府或广东省环境保护厅申请行政复议，或在收到本决定之日起 3 个月内向福田区人民法院起诉。

附：查封扣押财物清单（编号：XXX）

深圳市人居环境委员会

2015年1月27日

深圳市人居环境委员会
查封扣押财物清单

编号×××

查封如下设施：

名称	规格型号	单位	数量
污泥排放管			
与偷排废液管			
接驳处			
∫			

扣押如下物品：

名称	规格型号	单位	数量	~~是否紧急~~处置
偷排软管	约十五公分	条	壹	长约十五米
铁锤		把	壹	
∫				

以上清单，物品与实物一致。

封存时间：2015年1月27日5点43分　封存地点：该厂区污水站，偷排软管和铁锤存放于深圳市危险废物处理站有限公司

查封扣押期限：2015年2月26日

当事人：×××

执法人员及执法证件号：×××

说明：本清单一式三份，一份交当事人，一份交环保部门留存。委托第三人保管的，一份交第三人。

扣押物品联系人电话 ×××

深圳市人居环境委员会
2015年1月27日

深圳市人居环境委员会
责令改正违法行为决定书

深环法[2015]XXX号

当事人名称或者姓名：XXX

营业执照注册号（公民身份证号码）：XXX

组织机构代码：XXX

地址：XXX

法定代表人（负责人）：XXX

我委执法人员于2015年1月27日对你（单位）进行了调查，发现你（单位）实施了以下环境违法行为：

将未经处理的污泥和废液（沉淀池）通过暗管（软管，约十五公分宽，约十五米长）排入厂区市政污水井内直接外排，污染周围环境。

。

以上事实有调查询问笔录、现场检查笔录、监测报告等证据为证。

你（单位）的上述行为违反了《中华人民共和国环境保护法》第四十条、第四十二条及《深圳经济特区环境保护条例》第六十条第二项。的规定。依据《中华人民共和国行政处罚法》第二十三条和《中华人民共和国环境保护法》第五十九条及《环境保护主管部门实施按日连续处罚办法》责令你(单位)立即停止排污行为。

我委将对你(单位)改正违法行为的情况进行监督。逾期未改正的，我委将依据《中华人民共和国环境保护法》第五十九条的规定，对你单位实施按日连续处罚。

你（单位）如对本决定不服，可在收到本决定书之日起六十日内

1

向广东省环境保护厅或者深圳市人民政府申请行政复议，也可在收到本决定书之日起三个月内向福田区人民法院提起行政诉讼。

联系人：×××　电话：×××　　传真：×××
地址：×××

深圳市人居环境委员会
2015年1月27日

深圳市人居环境委员会

责令停产整治决定书

深环限停字[2015]ＸＸＸ 号

当事人名称:ＸＸＸ

营业执照注册号:ＸＸＸ

组织机构代码:ＸＸＸ

地址:ＸＸＸ

法定代表人:ＸＸＸ

2015年1月27日，深圳市环境监察支队执法人员在你单位进行现场检查，发现你单位沉淀池污泥排放管非法连接一条塑料暗管，通过该暗管将未经处理的废水直接排入市政污水管道。深圳市环境监测中心站的采样人员按规范对其外排废水采集了水样，并出具了监测报告，结果表明污染物悬浮物浓度为4630毫克/升，总磷浓度为1640毫克/升，超过你单位排污许可证（编号： ＸＸＸＸ ）规定执行的排放标准（悬浮物220毫克/升，总磷4.5毫克/升），严重污染环境。

以上事实有污染源废水采样原始记录表、监测报告（WJS2015/0140）、污染源现场调查询问笔录、现场勘察情况说明、排污许可证复印件、企业营业执照复印件、录像等证据为证。

你单位上述行为违反了《中华人民共和国环境保护法》第四十二条第四款“严禁通过暗管、渗井、渗坑、灌注或者篡改、伪造监测数据，或者不正常运行防止污染设施等逃避监管的方式违法排放污染物”的规定，属于环保部门可以依法责令采取停产整治措施的法定情形。

依据《中华人民共和国环境保护法》第六十条和《环境保护主管部门实施限制生产、停产整治办法》第六条第（二）项的规定，**我委依法对你单位作出责令停产整治决定：**

（一）你单位应在收到本决定书之日起立即停止生产，并采取整改措施，制定并落实整改方案；

（二）你单位应当在收到本决定书后十五个工作日内将整改方案报我委备案并向社会公开。整改方案应当确定改正措施、工程进度、资金保障和责任人员等事项；

（三）你公司完成整改任务后，应在十五个工作日内将整改任务完成情况和整改信息社会公开情况报我委备案，并提交监测报告以及整改期间生产用电量、用水量、主要产品产量与整改前的对比情况等材料；

（四）停产期间不得有任何违法排污行为，未将整改任务完成情况报我委备案不得恢复生产；

（五）我委将对你单位停产整治情况实施后督察，并在解除停产整治后进行跟踪检查。如发现你单位有拒不停产整治、擅自恢复生产或在恢复生产后又实施违法行为的情形，我委将依法报经深圳市人民政府批准，责令你单位停业、关闭。

你单位如对上述决定不服的，可在收到本决定书之日起六十日内，向深圳市人民政府行政复议办公室或广东省环境保护厅申请行政复议；或在接到本决定书之日起三个月内，向福田区人民法院依法提起行政诉讼。

联系人：×××电话：×××× 传真：××××

地址：×××

深圳市人居环境委员会

2015年3月4日

深圳市人居环境委员会
行政处罚决定书

深人环罚字[2015]第XXX号

单位名称：XXX
营业执照注册号：XXX
地址：XXX XXX
法定代表人：XXX　　　　　　　　联系电话：XXX

一、环境违法事实和证据

2015年1月27日，深圳市环境监察支队执法人员在你单位进行现场检查，发现你单位沉淀池污泥排放管非法连接一条塑料暗管，通过该暗管将未经处理的废水直接排入市政污水管道。深圳市环境监测中心站的采样人员按规范对其外排废水采集了水样，并出具了监测报告，结果表明污染物悬浮物浓度为4630毫克/升，总磷浓度为1640毫克/升，超过你单位排污许可证（编号：XXXX）规定执行的排放标准（悬浮物220毫克/升，总磷4.5毫克/升），严重污染环境。

以上事实有污染源废水采样原始记录表、监测报告（WJS2015/0140）、污染源现场调查询问笔录、现场勘察情况说明、排污许可证复印件、企业营业执照复印件、录像等证据为证。

你单位上述行为违反了《深圳经济特区环境保护条例》第四十一条第二款“禁止通过埋设暗管或者其他隐蔽排放的方式，直接排放污染物；禁止从污染物处理设施的中间工序引出污染物并直接排放”的规定。

我委于2015年2月2日告知你单位违法事实、处罚依据和拟作出的处罚决定，并告知你单位有权进行陈述、申辩和要求听证。你单位在法定期限内向我委提出书面听证申请，并于2015年2月10日召开听证会，听证会上你单位申辩称“为此次行为深表歉意”“由于员工采取不当的方式发泄情绪造成”“此次事件发生后，我公司主动整改，主动减少业务订单”等，经听证小组和集体审议会讨论，认为你单位申辩意见不属于法律法规规定的减免情形，你单位申辩意见我委不予采纳。以上事实有《行政处罚听证告知书》（深人环听告字[2015]第 11 号）、《送达回执》、《行政处罚听证笔录》为证。

我委经过现场调查及告知，并对调查结果进行了全面审查，现已审查终结。

二、行政处罚依据、种类及履行方式、期限

根据《深圳经济特区环境保护条例》第六十八条第（二）项“违反本条例第四十一条第二款、第四款规定，排污者通过埋设暗管或者其他隐蔽排放的方式直接排放污染物的，或者从污染物处理设施的中间工序引出污染物并直接排放的，或者未经环保部门批准，擅自拆除、闲置环境保护设施的，处十五万元以上二十万元以下罚款”以及《深圳市环境行政处罚裁量权实施标准》第一章§1.1裁量标准的规定，**我委决定：**

对你单位处以罚款人民币贰拾万元整。

上述罚款应在收到本处罚决定书之日起十五日内，凭《深圳市非税收入罚款通知书》缴交指定银行，并领取罚款收据，将罚款收据传真回深圳市人居环境委员会（传真号： ××× ）。逾期拒不履行的，我委将根据《中华人民共和国行政处罚法》第五十一条第（一）项和第（三）项的规定，每日按罚款数额的百分之三加处罚款。

三、申请行政复议或者提起行政诉讼的途径和期限

你单位如对上述处罚决定不服的，可在收到本处罚决定书之日起六十日内，向深圳市人民政府行政复议办公室或广东省环境保护厅申请行政复议；或在接到本处罚决定书之日起三个月内，向福田区人民法院依法提起行政诉讼。

申请行政复议或者提起行政诉讼，原则上不停止行政处罚决定的执行。

逾期不申请行政复议，也不向人民法院提起行政诉讼，又不履行本处罚决定的，我委将依法申请人民法院强制执行。

联系人：×××　电话：×××　传真：×××
地址：深圳市福田区×××

深圳市人居环境委员会
二〇一五年二月十二日

深圳市人居环境委员会涉嫌环境违法适用行政拘留处罚案件移送书

深人环拘移［2015］×××号

<table>
<tr><td>案　由</td><td colspan="5">涉嫌通过暗管等逃避监管的方式违法排放污染物</td></tr>
<tr><td>企业名称或其他经营者</td><td colspan="3">×××</td><td>组织机构代码</td><td>×××</td></tr>
<tr><td>地　址</td><td colspan="3">××××××</td><td>邮政编码</td><td>×××</td></tr>
<tr><td>法　定代表人或负责人</td><td>×××</td><td>有效证件及号码</td><td>××××××</td><td>联系电话</td><td>×××</td></tr>
<tr><td>调查人员</td><td colspan="3">×××</td><td>承办部门</td><td>×××</td></tr>
<tr><td>简要案情</td><td colspan="5">2015年1月27日，深圳市环境监察支队执法人员在该单位进行现场检查，发现该单位沉淀池污泥排放管非法连接一条塑料暗管，通过该暗管将未经处理的废水直接排入市政污水管道。深圳市环境监测中心站的采样人员按规范对其外排废水采集了水样，并出具了监测报告，结果表明污染物悬浮物浓度为4630毫克/升，总磷浓度为1640毫克/升，超过该单位排污许可证（编号：　×××　）规定执行的排放标准（悬浮物220毫克/升，总磷4.5毫克/升），严重污染环境。</td></tr>
<tr><td>移送依据</td><td colspan="5">《中华人民共和国环境保护法》第六十三条；
《行政主管部门移送适用行政拘留环境违法案件暂行办法》。</td></tr>
<tr><td>移送建议</td><td colspan="5">我委认为该案适用行政拘留，建议移送你单位处以行政拘留处理。</td></tr>
<tr><td colspan="6">经办人（执法证号）：×××</td></tr>
</table>

福建省某废塑料加工厂违法排污查封、按日连续处罚及行政拘留案

【案例提供单位】福建省环境监察总队

【案例类型】“组合拳”

【案例名称】福建省某废塑料加工厂违法排污查封、按日连续处罚及行政拘留案

【主要违法行为】违法排污、擅自损毁封条启用已查封的设施

【污染类型】水污染

【违法企业所属行业】加工业

【处罚及执行情况】福建省某废塑料加工厂生产废水经未防渗的沟渠排放至未防渗的坑塘，最终排入外环境，被责令改正并立案查处。次日漳平市环境保护局根据福建省环境监察总队的要求，依法对该企业产生污染物的设施和设备予以查封。福建省环境监察总队对该企业进行复查，发现其未做任何整改，而且已撕掉封条正在生产排污，遂依法启动按日连续处罚程序并再次下达《责令改正违法行为决定书》，并移送公安机关

【关键词】篡改、伪造监测数据、查封、按日连续处罚、行政拘留

一、基本案情与审理过程

2015 年 4 月 21 日，福建省环境监察总队执法人员根据群众举报，对一家位于漳州南靖县与龙岩漳平市交界地段的废塑料加工厂进行现场检查，发现该厂未办理环境保护审批手续且未建设废水处理设施，利用收购的废旧塑料编织袋（用于包装化学、农药、食品、化肥等废弃的包装袋）生产塑料袋，生产废水经未防渗的沟渠排放至未防渗的坑塘，最终排入外环境。针对上述违法行为，执法人员当场下达了《责令改正违法行为决定书》并决定立案查处。次日，漳平市环境保

护局根据福建省环境监察总队的要求，依法对该企业产生污染物的设施和设备予以查封。2015 年 5 月 1 日凌晨，福建省环境监察总队对该企业进行复查，发现其未做任何整改，已撕掉封条正在生产排污，遂依法启动按日连续处罚程序并再次下达《责令改正违法行为决定书》。鉴于该企业擅自撕毁封条恢复生产的行为已违反《治安管理处罚法》相关规定，且存在管辖争议的情况，福建省环境监察总队第一时间向福建省公安厅治安总队通报案情。目前，该案的《环境行政处罚告知书》已送达，福建省公安厅经协调两地公安机关，已明确该案中涉及违反治安管理相关法律法规行为的查办，由南靖县公安局管辖，相关案卷正在移交中。

二、案件涉及的法律问题

（一）管辖权争议

该废塑料加工厂地处漳州南靖县和溪镇与龙岩漳平市永福镇交界处，管辖权属不够清晰，福建省环境保护厅于 4 月 22 日组织南靖县、漳平市环境保护部门对该厂再次进行检查。由于两地对行政管辖权存在较大争议，为了更加有效地打击企业违法排污行为，福建省环境保护厅根据获取的该加工厂工商注册地为漳平市永福镇的信息，责成漳平市环境保护局依法先行对该企业产生污染物的设施和设备予以查封，待事后核实清楚该区域归属地后再按属地管理原则办理。漳平市环境保护局遂遵照执行。

4 月 22 日，漳平市国土资源局永福国土资源所确认该厂用地地块属于南靖县和溪镇林中村龙安组，并于次日向漳平市永福镇人民政府出具了证明。4 月 23 日，漳平市工商局永福工商所注销了该厂的工商营业执照。据此，该厂的行政管辖权限应属于南靖县。

5 月 1 日凌晨，福建省环境监察总队根据掌握的线索，联合南靖县环境保护局对该厂进行复查时，同步商请南靖县公安局和溪镇派出所出警支持，到场警员再次就管辖权限提出异议，明确指出该厂地块不在南靖县公安局出警范围之列。鉴于该厂撕毁封条恢复生产的行为，已经违反治安管理相关法律法规的规定，而地方公安部门对管辖权有异议，福建省环境监察总队立即通报省公安厅治安总队协调解决，最终确定由南靖县公安局管辖。

（二）违法事实的认定

（1）首次行政处罚中违法事实的认定。该企业外排废水取样监测结果严重超标，虽可适用《中华人民共和国水污染防治法》第七十四条的规定，并根据《环境保护主管部门实施限制生产、停产整治办法》第六条的规定责令停产整治，但由于该企业生产取水未安装计量装置，无法核定产污量和排污费做出适当处罚。同时，该企业未经环评审批，无法定排污口，也就无法依据环境保护部《关于〈水污染防治法〉第二十二条有关“其他规避监管的方式”排放水污染物及相关法律责任适用问题的复函》（环函[2008]308 号）认定属于不经法定排放口排放废水的规避监管的行为，适用《中华人民共和国水污染防治法》第七十五条关于违法设置排污口的罚则。

经讨论，福建省环境保护厅最终以该企业未建设废水处理设施，生产废水未经处理通过未防渗的沟渠排入无防渗措施的坑塘，最终经一条未防渗的沟渠排入厂边山涧小溪，违反了《中华人民共和国水污染防治法》第三十六条关于“禁止利用无防渗漏措施的沟渠、坑塘等输送或者存贮含有毒污染物的废水、含病原体的污水和其他废弃物”之规定，适用《中华人民共和国水污染防治法》第七十六条第（八）项的罚则，处罚款 12 万元。《处罚告知书》已委托南靖县环境保护局于 5 月 21 日送达。

（2）符合按日连续处罚条件的认定。4 月 21 日，该企业现场负责人受业主委托签收《责令改正违法行为决定书》。5 月 1 日，省环境监察总队复查时发现该企业未做任何整改，擅自撕毁封条，非法恢复生产排污。违法事实符合《环境保护主管部门实施按日连续处罚办法》第五条所列条件，可实施按日计罚；实施程序上，省环境监察总队于送达《责令改正违法行为决定书》之日起的第十日，以暗查的方式组织对企业违法排放污染物行为的改正情况实施复查，组织方式与复查时间均符合要求。经核定，按日计罚总金额为 120 万元。

（3）适用行政拘留的认定。由于该企业撕毁封条擅自恢复生产的做法应按照《环境保护主管部门实施查封、扣押办法》第二十三条第二款的规定处理，福建省环境监察总队第一时间将案情通报福建省公安厅治安总队，并反映了南靖县公安局和溪镇派出所提出的管辖权争议。福建省公安厅经协调后最终确定由南靖县公安局管辖，依照公安机关办理行政案件的相关程序，已要求漳平市环境保护局将该案移交漳平市公安局，再由漳平市公安局移交南靖县公安局处理。

（三）复查时机的掌握

该案属反复投诉案件，业主利用管辖权不清晰的漏洞，一直非法生产排污。在首次查处后，省环境监察总队执法人员就随时与投诉人保持联系，从掌握到该企业仍在进生产原料，工人均在岗在位的信息，研判其必定会再次生产。4 月 30 日晚，在接到企业已恢复生产的信息后，为避免证据灭失和打草惊蛇，福建省环境监察总队联合南靖县环境保护局连夜赶赴现场实施突击暗查，成功锁定了实施按日计罚的证据。

三、本案启示

（一）管辖权存在争议如何办。对于管辖权存在争议的情况，争议方应尽快协商解决争议，不应相互推诿，但前提是协商活动本身要依法进行，经协商确定负责处理违法行为的机关或者组织应当确有合法的管辖权，以免造成越权处罚。同时，协商活动要讲究效率，不能长时间互相扯皮，久议不决，影响对违法行为的及时查处。凡是通过协商不能达成一致，或者对相对方的管辖依据有疑问的，争议各方应当及时报请共同上一级机关指定管辖，不应再自行协商处理。

（二）要充分依靠群众。环境保护部门在环境保护举报案件的调查处理过程中要充分与投诉人沟通，在未检查前尽量清楚被投诉企业的生产、排污特点、排污去向及时段，在检查后及时跟踪被投诉企业的现状，尤其是对需要复查的企业，要了解整改落实情况、是否存在恢复生产的迹象等，从而掌握好复查的时机，既能适用《中华人民共和国环境保护法》及配套办法给予更严厉的惩戒，又避免企业擅自恢复生产造成更大的污染。

贵州利南集团多晶硅材料有限公司不正常运行环境保护设施拒不整改按日连续处罚、查封和行政拘留案

【案例提供单位】贵州省环境监察局

【案例类型】“组合拳”

【案例名称】贵州利南集团多晶硅材料有限公司不正常运行环境保护设施拒不整改按日连续处罚、查封和行政拘留案

【主要违法行为】不正常运行环境保护设施、拒不整改

【污染类型】大气污染

【违法企业所属行业】化工行业

【处罚及执行情况】贵州利南集团多晶硅材料有限公司矿热炉配套烟气处理设施运行不正常导致大量烟气通过炉门和炉体直接排放，严重污染周边环境。贵州省环境监察局联合黔东南州环境监察支队、黎平县环境保护局对其进行现场调查，责令其改正并处以罚款2万元。复查时发现排污情况未改正，甚至污染加重，故启动按日连续处罚，并查封其排污设施，将直接负责人移送公安机关行政拘留

【关键词】大气、不正常运行环境保护设施、拒不整改、按日连续处罚、查封、行政拘留

一、基本案情与审理过程

2015年1月14日，贵州省环境监察局联合黔东南州环境监察支队、黎平县环境保护局对贵州利南集团多晶硅材料有限公司进行现场检查，发现该公司共建有7台矿热炉，2003年10月获得黔东南州环境保护局环评审批，2006年11月通过黔东南州环境保护局“三同时”验收，现场检查时其中2台（5#、8#）8 000 kVA

的矿热炉处于生产状态（其余5台矿热炉长期处于停产状态），但其配套烟气处理设施运行不正常，不能有效收集处理生产过程中产生的废气，大量烟气通过炉门和炉体直接排放，严重污染周边环境，执法人员现场对其下达《责令改正违法行为决定书》，责令其立即恢复环境保护设施正常运行、停止违法排污行为。黔东南州环境保护局对该公司进行立案处罚，于2015年1月17日对其做出罚款2万元的行政处罚决定。

2015年1月26日，贵州省环境监察局组织对该公司开展复查，发现该公司5#、8#矿热炉照常处于生产状态，但其配套烟气处理设施依旧没有恢复正常运行，大量烟气直接排向外环境，排污情况相比前次有过之而无不及。针对该公司拒不改正的行为，黔东南州环境保护局依据《中华人民共和国环境保护法》相关规定对该公司启动按日连续处罚程序，于2015年1月29日对其做出罚款24万元的按日连续处罚决定。

同日，为督促该公司改正违法行为，停止违法排污，经黎平县环境保护局负责人批准，黎平县环境保护局决定对该公司生产设备进行查封。2015年1月27日，黎平县环境保护局对该公司5#、8#矿热炉实施了查封，查封期限1个月。同时黎平县环境保护局就该公司不正常运行防止污染设施一案，根据《行政主管部门移送适用行政拘留环境违法案件暂行办法》的规定，向黎平县公安局进行了移送，黎平县公安局当场受理。黎平县公安局拘留所于2015年1月30日依法对该公司总经理庄某、生产负责人黄某分别实施了7日行政拘留，已执行完毕。

二、案件涉及的法律问题

（一）不正常运行环境保护设施行为的处置

本案中贵州利南集团多晶硅材料有限公司锅炉燃烧配套烟气处理设施运行不正常，不能有效收集处理生产过程中产生的废气，大量烟气通过炉门和炉体直接排放，严重污染周边环境的行为可认定为不正常运行环境保护设施的行为。该公司不正常运行环境保护设施的行为违反《中华人民共和国环境保护法》第四十二条第四款的规定，应当承担法律责任。

该公司不正常运行环境保护设施，使环境保护设施不能有效收集处理生产过程中产生的废气，造成严重环境污染的行为，可以适用《中华人民共和国环境保护法》第二十五条查封、扣押造成污染物排放的设施、设备，第五十九条按日连续处罚，以及第六十三条对其直接负责的主管人员和其他直接责任人员移送公安机关处以行政拘留。

依据《环境保护主管部门实施按日连续处罚办法》第五条第（二）项的规定，不正常运行防治污染设施排放污染物的，是适用按日连续处罚的情形之一。本案中该公司不正常运行环境保护设施被责令改正并被处以罚款，在环境保护部门复查时仍未改正，则可依法启动按日连续处罚，以其罚款数 2 万元为每日计罚的基数，罚款日数为责令改正之日次日起至复查时发现违法行为之日，即 1 月 14 日至 1 月 26 日共 12 天，故处以 24 万元按日连续处罚。

依据《环境保护主管部门实施查封、扣押办法》第四条第（四）项的规定，不正常运行防治污染设施违反法律法规规定排放污染物的，属于环境保护主管部门应当依法实施查封、扣押的情形。结合《中华人民共和国环境保护法》第二十五条规定“企业事业单位和其他生产经营者违反法律法规规定排放污染物，造成或者可能造成严重污染的”，本案中贵州省环境监察局组织对该公司开展复查，发现该公司 $5^{\#}$、$8^{\#}$矿热炉照常处于生产状态，但其配套烟气处理设施依旧没有恢复正常运行，大量烟气直接排向外环境，排污情况加重，造成了严重污染，故黎平县环境保护局有权对该公司 $5^{\#}$、$8^{\#}$矿热炉实施查封措施。

根据《中华人民共和国环境保护法》第六十三条规定，环境保护部门有权依据《行政主管部门移送适用行政拘留环境违法案件暂行办法》的规定将该公司的直接负责人移送公安机关。

（二）按日连续处罚与查封扣押、行政拘留等环境保护制度的衔接

根据《中华人民共和国环境保护法》的规定，在符合按日连续处罚适用条件的环境违法行为中，有些违法行为可以同时适用责令排污者限制生产、停产整治或查封扣押等措施，例如本案中不正常运行环境保护设备等逃避监管的方式排放污染物的行为。

对此，《环境保护主管部门实施按日连续处罚办法》《简称《办法》》专门对按日连续处罚制度与其他环境保护制度的并用关系进行了说明。该《办法》第二十条规定：“环境保护主管部门针对违法排放污染物行为实施按日连续处罚的，可以同时适用责令排污者限制生产、停产整治或者查封、扣押等措施；因采取上述措施使排污者停止违法排污行为的，不再实施按日连续处罚。”

因此本案中贵州省黎平县环境保护局与贵州省环境监察局为督促利南集团多晶硅材料有限公司改正违法排污的行为，综合利用按日连续处罚、查封与行政拘留的环境保护手段，出重拳打击环境违法行为，让排污者对自己的环境行为负责。

三、本案启示

随着经济社会发展，环境保护意识的增强，各级环境保护部门环境监管的压力也越来越大。对于一些长期恶意偷排、屡查屡犯等严重环境违法行为，仅靠行政处罚、责令限期改正等行政执法手段，环境保护部门已经无法督促其有效整改，需要采取更强有力的手段、切实加大惩处力度，按日计罚、查封扣押、限制生产、停产整治等措施威力大。环境保护执法人员依法综合行使这套“组合拳”，有效打击环境违法行为，提供执法效能，推动环境监管工作。

天津市滨海新区塘沽金达热力有限公司涉嫌篡改、伪造监测数据按日连续处罚、行政拘留案

【案例提供单位】天津市环境保护局

【案例类型】“组合拳”

【案例名称】天津市滨海新区塘沽金达热力有限公司涉嫌篡改、伪造监测数据按日连续处罚、行政拘留案

【主要违法行为】篡改、伪造监测数据

【污染类型】大气污染

【违法企业所属行业】电力行业

【处罚及执行情况】天津市滨海新区塘沽金达热力有限公司伪造、篡改监测数据被天津市环境保护局责令改正并处以罚款，对其直接负责的主管人员和其他直接责任人员处以拘留。在天津市环境保护局对其进行复查时发现该单位未按要求改正违法行为，篡改、伪造监测数据行为依然存在，故拟对其进行按日连续处罚

【关键词】大气、篡改、伪造监测数据、按日连续处罚、行政拘留

一、基本案情与审理过程

2015 年 2 月 13 日，天津市环境保护局执法人员对天津市滨海新区塘沽金达热力有限公司进行现场执法检查。检查发现，该单位在线监测设备分析仪实际监测的污染物排放浓度与上传数据到环境保护部门的显示排放浓度相差将近 4 倍。环境监测人员现场用浓度为 2 460 mg/m³ 的标准二氧化硫气体测试该在线监测设备，发现实际监测显示浓度为 2 460 mg/m³，但是上传数据仅为 600 mg/m³。执法人员当场对该单位的涉嫌伪造、篡改监测数据行为下达了《责令改正违法行为决

定书》。

2015 年 3 月 13 日天津市环境保护局对天津市滨海新区塘沽金达热力有限公司涉嫌篡改、伪造监测数据的违法行为下达《行政处罚决定书》，要求该单位立即改正违法行为，并处罚款 5 万元。同时，按照《中华人民共和国环境保护法》第六十三条的规定，有篡改、伪造监测数据行为的，除依照有关法律法规规定予以处罚外，由县级以上人民政府环境保护主管部门或者其他有关部门将案件移送公安机关，对其直接负责的主管人员和其他直接责任人员处以拘留，2015 年 3 月 20 日，天津市环境保护局将该案件移送至天津市公安局塘沽分局，公安机关现已立案。

2015 年 3 月 13 日，天津市环境保护局按照环境保护部《环境保护主管部门实施按日连续处罚办法》的要求对该单位进行了复查，发现该单位未按要求改正违法行为，篡改、伪造监测数据行为依然存在。天津市环境保护局已进行立案，目前已向该单位送达了《行政处罚听证告知书》，拟进行按日连续处罚。

二、案件涉及的法律问题

本案涉及篡改、伪造监测数据行为的处置。天津市滨海新区塘沽金达热力有限公司篡改、伪造监测数据违法排污的行为违反《中华人民共和国环境保护法》第四十二条第四款的规定，应当承担法律责任。该公司篡改、伪造监测数据的行为可以依据《中华人民共和国环境保护法》第五十九条按日连续处罚，以及第六十三条第（三）项对其直接负责的主管人员和其他直接责任人员移送公安机关处以行政拘留。

根据《中华人民共和国环境保护法》第六十三条第（三）项的规定，本案中该公司的行为尚不构成犯罪，但因篡改、伪造监测数据逃避监管，其直接负责的主管人员和其他直接责任人员符合移送行政拘留的条件，故环境保护部门有权依据《行政主管部门移送适用行政拘留环境违法案件暂行办法》的规定将该公司的直接负责人移送公安机关。

依据《环境保护主管部门实施按日连续处罚办法》第五条第（二）项的规定，“通过暗管、渗井、渗坑、灌注或者篡改、伪造监测数据，或者不正常运行防治污染设施等逃避监管的方式排放污染物的”。本案中该公司因涉嫌篡改、伪造监测数据被责令改正并被处以罚款，在环境保护部门复查时仍未改正，则可依法启动按日连续处罚。且在环境保护部门复查时，该公司直接负责的主管人员和其他直接责任人员被依法移送行政拘留，而该公司监测数据仍未恢复正常，其违法行为屡教不改，对其启动按日连续处罚以督促其及时主动改正违法行为。

三、本案启示

《中华人民共和国环境保护法》实施前，企业受经济利益驱动，在环境守法成本高、环境违法成本低的情况下，环境守法意识薄弱，往往存在屡教不改的现象。在《中华人民共和国环境保护法》生效实施后，部分企业环境守法意识仍然不高，还存在过去那种蒙混过关的心态。因此，环境执法部门在执法时应对环境监测数据的正确性进行检测，防止企业篡改、伪造监测数据以逃避监管。另外，对于企业环境违法行为屡教不改的现象，环境执法部门应依法充分利用《中华人民共和国环境保护法》规定的有力环保措施，强化排污者主体责任，明确其环境义务，强调并督促违法企业改正违法行为的及时性和采取整改措施的主动性。

河南开封市尉氏县吉利化工有限公司偷排强酸废水被查封、关闭，负责人移送行政拘留案

【案例提供单位】河南省环境监察总队

【案例类型】“组合拳”

【案例名称】开封市尉氏县吉利化工有限公司偷排强酸废水被查封、关闭，负责人移送行政拘留案

【主要违法行为】被环境保护部门责令停产整治后拒不停产，违法偷排生产过程中强酸性化工工业废水

【污染类型】水污染

【违法企业所属行业】化工行业

【处罚及执行情况】2015 年 1 月 13 日晚，河南省环境监察总队接到群众举报，反映尉氏吉利化工有限公司违法生产及产生的气体危害到周边群众身体健康问题。接举报后，河南省、开封市、尉氏县三级环境监察执法部门组成暗查组赴企业暗查。经查实，2014 年 5 月，尉氏吉利化工有限公司已被河南省环境保护厅列入环境保护“黑名单”管理，但企业未按要求整改到位，2015 年 1 月 5 日被环境保护部门发现偷偷生产。1 月 6 日、1 月 7 日，市、县环境保护局下达文件，但企业自 1 月 7 日至 13 日依然生产。企业库房存放产品、原料的地方无任何废水、废气污染防治设施，废水直通厂外灌溉沟渠。经取样监测，灌溉区内积存工业污水 pH 值高达 2.46～2.81，为强酸性化工废水。依据《中华人民共和国环境保护法》，1 月 14 日下午，尉氏县环境保护局依法实施查封，张贴了封条，同时报请尉氏县政府于 1 月 15 日对该厂下达关闭决定；1 月 15 日上午，尉氏县环境保护局将相关案卷移交当地公安部门，对企业负责人实施抓捕

【关键词】强酸废水、查封、关闭、行政拘留

一、基本案情与查处过程

河南省环境保护厅在 2014 年执法检查中发现尉氏吉利化工有限公司存在严重环境违法行为：一是年产 1 200 t 氯乙酸技术改造项目未取得环境影响评价批准文件，于 2001 年建成投产。2006 年取得尉氏县环境保护局批准环境影响评价文件，但未经环境保护验收；二是合成盐酸技改生产线未取得环境影响评价批准文件，于 2013 年擅自开工建设；三是厂区无组织排放严重，煤场未落实“三防”措施。河南省环境保护厅于 2014 年 5 月 5 日决定对该公司实施环境保护“黑名单”管理，并通过新闻媒体向社会公布，督促开封市环境保护局做好环境违法问题的整改工作。

尉氏吉利化工有限公司被列入环境保护“黑名单”管理后，未按要求整改到位，2015 年 1 月 5 日被环境保护部门检查发现偷偷生产化工产品。2015 年 1 月 6 日、1 月 7 日，开封市、尉氏县两级环境保护局就该企业违法行为分别下达文件，尉氏县环境保护局对该企业下达纠正环境违法行为通知书，要求其立即停产，完善各类手续及环境保护设施，在未撤出“黑名单”之前，再发现违法生产，将上报县政府依法给予关闭。

2015 年 1 月 13 日晚，河南省环境监察总队接群众举报，称尉氏吉利化工仍在肆无忌惮违法生产作业，且生产过程中产生的气味过大，刺鼻辣眼的强酸挥发物弥漫厂区周边，给人民群众的生产生活带来极大影响。河南省环境监察总队接举报后，迅速组成暗查小组，要求查清落实有关情况，按照新《环境保护法》依法依规进行查处。

1 月 14 日，省市县三级环境保护部门进行突击暗查时发现，尉氏吉利化工有限公司自尉氏县环境保护局 1 月 7 日下达纠环境正违法行为通知书后至 13 日 11 时依然存在生产现象。现场查明，企业库房存有氯乙酸产品 300 余袋约 15 t，厂内有原料液氯 32 t，硫黄 10 余 t，醋酸 160 余 t，厂区内跑、冒、滴、漏现象严重，有大量的酸性气体和氨气挥发，多种刺鼻异味浓重，3 台离心机中，2 台有明显的作业痕迹，结晶体较为新鲜，结晶反应釜挥发性气体无组织排放严重。检查中发现，该企业无任何废水、废气污染防治设施，无规范的固体废物储存场所。暗查组检查厂区内排水管道发现，在厂区大门口有一条暗管直接与农田灌溉沟渠相连，不远处还有一条砖垒排水槽，从厂区作业车间沿着厂区外围墙下穿乡间道路直通灌溉沟渠，与另一条暗管所流出的化工废水交汇，进入灌溉沟渠内。尉氏县环境监测站监测人员现场对沟渠取水样的化验结果显示，400 余米长的沟渠内积存的工业污水监测数据 pH 值高达 2.46～2.81，属于强酸性化工废水。

针对尉氏吉利化工有限公司恶劣的环境违法行径，河南省环境保护厅和开封市环境保护局在综合研判案情的基础上，决定运用《中华人民共和国环境保护法》第二十五条赋予的行政强制权，依照《环境保护主管部门实施查封扣押办法》规定对其实施查封措施，将该案办成《中华人民共和国环境保护法》实施以来的第一起执法案例，打响新法实施的第一枪。1 月 14 日下午，在河南省环境保护厅及开封市环境保护局的监督、指导下，尉氏县环境保护局依法对尉氏吉利化工有限公司造成污染物排放的设施、设备实施了查封，对有关设施、设备的关键部件及供水、供电、供气的开关阀门张贴了封条。同时，根据《中华人民共和国环境保护法》第六十条及《环境保护主管部门实施限制生产、停产整治办法》第八条第二款的相关规定，尉氏县环境保护局报请县政府，由尉氏县人民政府于 1 月 15 日对尉氏吉利化工有限公司依法下达了关闭决定。

因尉氏吉利化工有限公司所排废水属于强酸性废水，且按照公安部、环境保护部等五部委《行政主管部门移送适用行政拘留环境违法案件暂行办法》，废水直接排入厂区边农田灌溉沟渠中，属于渗坑排放，综合以上违法事实，本案主办人员认为可根据《中华人民共和国环境保护法》第六十三条第三款对企业负责人实施行政拘留。1 月 15 日上午，在尉氏县公安局会议室内，该县环境保护局与县公安局治安大队进行了移交手续签字移交对接，尉氏县公安局接到案件后，迅速组织经验丰富的多名干警，对该企业法人、主要负责人王某实施抓捕。从企业违法事实被认定到企业公安部门启动行政拘留程序仅不到 24 小时。

二、案件涉及的法律问题

《中华人民共和国环境保护法》第二十五条规定："企业事业单位和其他生产经营者违反法律法规规定排放污染物，造成或者可能造成严重污染的，县级以上人民政府环境保护主管部门和其他负有环境保护监督管理职责的部门，可以查封、扣押造成污染物排放的设施、设备。"本案在现场调查时，环境执法人员察觉到农田灌溉沟渠中水质异常时，迅速用 pH 试纸进行测试，判断属强酸无疑后，立即通知尉氏县环境监测站到现场，对沟渠中存水多点取样，半小时后证实企业排放的强酸废水无疑。据此，认定企业排放污染物，造成严重污染，适用于新法第二十五条的规定，首先可使用查封措施。

同时，《中华人民共和国环境保护法》第六十三条第三款规定：“通过暗管、渗井、渗坑、灌注或者篡改、伪造监测数据，或者不正常运行防治污染设施等逃避监管的方式违法排放污染物的，除依照有关法律法规规定予以处罚外，由县级以上人民政府环境保护主管部门或者其他有关部门 将案件移送公安机关，对其直接负责的主管人员和其他直接责任人员，处十日以上十五日以下拘留；情节较轻的，处五日以上十日以下拘留。”为了形成对环境违法的强力震慑，对企业违法打好组合拳，执法人员研究案情后认为本案也适用此规定，于是约见尉氏县人民政府讲明新法要求，提出请公安机关介入，第一时间拘留涉案当事人。

三、本案启示

如何在执法工作中实施好查封、扣押权，以本案为例，有以下几点启示：

（一）以最快的速度锁定证据，固定证据

本案中，强酸废水渗坑排放是本案实施查封和行政拘留的关键证据。取证时，该省环境保护厅、开封市环境保护局要求县监测站工作人员放下手中现有工作尽快到达现场，同时明确指出只对特征污染因子 pH 值进行检测，此举使县监测站同志能够快速到达现场取样，半小时后即出具了所取水样 pH 值的纸质化验结果。

（二）迅速约见地方政府（或党委）、相关部门

事件发生以后，约见地方政府（或党委）必须首先把地方环境保护部门履职尽责的情况通报清楚，同时协调相关部门迅速介入，以利于案件查处。

（三）文书制作要规范、认真，精益求精

环境违法案件的查处是大的系统工程，任何小的瑕疵和纰漏都有可能使所有的努力和付出功亏一篑。涉案文书是案件查处的重要一环，但从河南省的情况看，环境监察执法文书虽然已经形成了统一的制式和规范，但在实行过程中仍有许多细节需要改进，特别是涉及到行政拘留的案件，应按照公安部、环境保护部等五部委《行政主管部门移送适用行政拘留环境违法案件暂行办法》第十一条的规定，

逐条准备，务求做到现场勘查笔录务求准确、翔实，询问笔录逻辑链条清晰，要按照《中华人民共和国环境保护法》第六十三条所指的“直接负责的主管人员”、“其他直接责任人员”载明有关人员姓名及相关信息，以便于公安机关确定实施行政拘留的对象展开行动。

湖北省十堰市汉桥工贸公司无证排污拒不停止移送行政拘留案

【案例提供单位】湖北省十堰市环境保护局

【案例类型】移送行政拘留

【案例名称】湖北省十堰市汉桥工贸公司无证排污拒不停止移送行政拘留案

【主要违法行为】违反法律规定，未取得排污许可证排放污染物，被责令停止排污，拒不执行的

【污染类型】水污染

【违法企业所属行业】电镀行业

【处罚及执行情况】案件移送十堰市公安局，十堰市公安局对十堰汉桥工贸有限公司田某、周玉某和周志某3名违法行为人分别被处以5天至12天行政拘留

【关键词】水污染、无证排污、拒不停止、移送行政拘留

一、基本案情与审理过程

十堰汉桥工贸有限公司位于十堰市茅箭区东城经济开发区黑龙江路，主要生产扳手，年产量约8万只。由于该企业未按规定安装电镀污水处理设施，在无排污许可证情况下将电镀废水直排。因为属于非法从事电镀生产，十堰市茅箭区政府已于2014年5月下达关闭决定，并实施了关闭。2015年1月22日11时50分，十堰市环境保护局茅箭分局执法人员在日常巡查时发现，该企业在关闭后擅自恢复生产。执法人员进入现场调查时，该企业已停止生产作业，但发现存在恢复生产的嫌疑和证据。电镀槽散发有大量热雾，地面有大量水渍并堆有大量镀件。经对排放污水现场采样、取证、调查，确认该企业六价铬、总铬污染物超标。

2015年2月4日，依据《环境保护主管部门实施查封、扣押办法》第四条第（一）项之规定，十堰市环境保护局依法对该企业下达《查封决定书》（十环查扣

决字[2015]001 号），对该公司电镀生产线电镀设施予以查封，实施期限从 2015 年 2 月 4 日至 2015 年 3 月 4 日。2015 年 2 月 9 日，针对该企业电镀废水处理设施尚未建设，电镀生产线擅自恢复生产，十堰市环境保护局对其下达《行政处罚决定书》（十环当罚字[2015]232001 号），现已执行到位。

2015 年 2 月 6 日，根据《中华人民共和国环境保护法》第六十三条和《行政主管部门移送适用行政拘留环境违法案件暂行办法》第四条之规定，十堰市环境保护局将此案件移送十堰市公安局。2015 年 3 月 5 日，十堰市公安局依法立案，调查并收集相关证据后，对十堰汉桥工贸有限公司田某、周玉某和周志某 3 名违法行为人下达《十堰市公安局茅箭分局行政处罚决定书》（茅公（治）行罚决字[2015]87、88、89 号），对该公司 3 名违法行为人，分别被处以 5 天至 12 天行政拘留。

二、案件涉及的法律问题

（一）违法行为的认定

问题：十堰市环境保护局认定十堰汉桥工贸有限公司有违法行为的事实依据和法律依据是什么？

由于十堰汉桥工贸有限公司未按规定安装电镀污水处理设施，在无排污许可证情况下将电镀废水直排。因为属于非法从事电镀生产，十堰市茅箭区政府已于 2014 年 5 月下达关闭决定，并实施了关闭。2015 年 1 月 22 日 11 时 50 分，十堰市环境保护局茅箭分局执法人员在日常巡查时发现，该企业在关闭后擅自恢复生产。执法人员进入现场调查时，该企业已停止生产作业，但发现存在恢复生产嫌疑和证据。电镀槽散发有大量热雾，地面有大量水渍，并堆有大量镀件。经对排水污水现场采样、取证、调查，确认该企业六价铬、总铬污染物超标。

十堰汉桥工贸有限公司的上述行为符合《行政主管部门移送适用行政拘留环境违法案件暂行办法》第四条第（二）项“现场检查虽未发现当场排污，但有证据证明在被责令停止排污期间有过排污事实的”情形，因此符合《中华人民共和国环境保护法》第六十三条第（二）项“违反法律规定，未取得排污许可证排放污染物，被责令停止排污，拒不执行的”情形，应承担相应的法律责任。

（二）处罚措施的适用

问题 1：十堰市环境保护局将案件移送公安机关对有关人员处以行政拘留的法律依据是什么？

对于上述违法行为，《中华人民共和国环境保护法》第六十三条规定“由县级以上人民政府环境保护主管部门或者其他有关部门将案件移送公安机关，对其直接负责的主管人员和其他直接责任人员，处十日以上十五日以下拘留；情节较轻的，处五日以上十日以下拘留”。依据上述法律责任条款，2015 年 2 月 6 日十堰市环境保护局将此案件移送十堰市公安局。

问题 2：本案的处罚幅度是否适当？

《中华人民共和国环境保护法》第六十三条规定“由县级以上人民政府环境保护主管部门或者其他有关部门将案件移送公安机关，对其直接负责的主管人员和其他直接责任人员，处十日以上十五日以下拘留；情节较轻的，处五日以上十日以下拘留”。

本案中，2015 年 3 月 5 日，十堰市公安局对十堰汉桥工贸有限公司田某、周玉某和周志某 3 名违法行为人分别被处以 5 天至 12 天行政拘留，符合“对其直接负责的主管人员和其他直接责任人员，处十日以上十五日以下拘留；情节较轻的，处五日以上十日以下拘留”的处罚幅度。

三、本案启示

在环境执法过程中，部分违法排污者被依法责令停止排污，甚至被依法强制关闭排污设施后依然千方百计地逃避监管，继续生产经营并排放污染物。针对这种情形，环境保护执法部门可以依据《中华人民共和国环境保护法》第六十三条将案件移送公安机关，对违法排污者的直接负责的主管人员和其他直接责任人员采取行政拘留措施，通过更加严厉的人身处罚使违法排污者遵守有关环境保护法律，停止违法排污行为。